Wie ist das mit ... der Familie

Roland Kachler

# Wie ist das mit … der Familie

Mit farbigen Bildern von

Sandra Reckers

gabriel

# Inhalt

# Jeder hat eine Familie

Ich weiß nicht, mit wem du zusammenlebst und wer zu deiner Familie gehört. Vielleicht bist du ein Einzelkind und lebst mit deinen Eltern allein zusammen. Vielleicht hast du auch mehrere Geschwister und du bist die Jüngste oder der Älteste – oder du bist das Kind in der Mitte.
Hast du schon einmal im Fotoalbum deiner Eltern geblättert? Dann hast du bestimmt auch gesehen, wie deine Großeltern und vielleicht sogar wie deine Urgroßeltern aussahen. Vielleicht habt ihr in letzter Zeit auch ein großes Familienfest gefeiert. Du hast gemerkt, dass deine Familie viel größer ist, als du das sonst im Alltag erlebst.
Falls sich deine Eltern getrennt haben, lebst du jetzt allein mit deinem Papa oder deiner Mama zusammen. Möglicherweise hat deine Mama einen neuen Partner gefunden und ist mit ihm zusammengezogen. Vielleicht sind dann auch neue Kinder dazugekommen. Vielleicht warst du schon mal zu Besuch in der Familie deiner türkischen Schulfreundin. Da waren dann vielleicht ganz viele Menschen, Onkel und Tanten, Neffen, Nichten und andere Verwandte. Eine richtig große Familie.

Du siehst, es gibt ganz verschiedene Familien. Und mit den Familien kann es auch ganz schön kompliziert sein. So kompliziert, dass man manchmal gar nicht mehr richtig durchblickt. Das ist aber nicht schlimm, denn du weißt, dass jedes Kind, alle deine Freunde und Freundinnen, aus einer Familie stammen. Die Hauptsache ist, dass jemand mit dem Kind zusammenlebt und für es sorgt – dann ist das schon eine Familie.
Wenn das Zusammenleben in deiner Familie gut klappt und ihr euch gut versteht, dann fühlst du dich in deiner Familie wohl. Du weißt, dass dich alle lieben.
Klar, es läuft bestimmt nicht immer alles gut in deiner Familie. Wenn du dich ständig mit deinem Bruder oder deiner Schwester streitest, dann würdest du ihn oder sie am liebsten auf den Mond schießen. Vielleicht bist du ein Einzelkind und hättest gern noch ein Geschwister. Wenn deine Eltern andauernd streiten oder wenn sie sich gerade trennen, dann bist du wahrscheinlich oft traurig. Und wenn einer der beiden ausgezogen ist, dann sehnst du dich nach deinem Papa oder deiner Mama.
Ich will dir in diesem Buch Geschichten von verschiedenen Familien erzählen. Du wirst sehen, wie diese Familien leben und wie sie mit ihren Problemen zurechtkommen. Du kannst lernen, was nötig ist, damit es in einer Familie gut läuft. Schließlich soll dieses Buch dir und deiner Familie helfen, dass manches in eurer Familie noch besser klappt und ihr viel Spaß miteinander habt.

# Was eine Familie ist

## LEONIE UND MARCO KÖNNEN ES NICHT ERWARTEN

»Marco, setz dich doch endlich einmal hin!«

Marco kniet auf dem großen Sessel seiner Oma und wippt ständig hin und her. Er grinst und schaut zu seiner Schwester hinüber. Leonie sitzt am Tisch vor einem großen Blatt Papier und versucht etwas zu malen.

»Mir fällt nichts ein. Was soll ich denn malen, Oma?«, stöhnt sie.

»Male doch unsere Familie«, rät Frau Klenk, die Oma von Leonie und Marco.

»Familie? So etwas Langweiliges.«

»Gar nicht langweilig. Überlege erst mal, wer zu unserer Familie gehört.«

»Wer gehört eigentlich zur Familie? Mama, Papa, Marco und ich, aber gehörst du auch dazu?«

»Das kommt darauf an, wie man es sieht.«

»Kommt darauf an?«

»Ja, du kannst eure kleine Familie malen oder du kannst auch die noch lebenden Großeltern dazunehmen. Eigentlich gehöre ich doch auch zur Familie, oder nicht?«

»Klar, du und Oma Karin und Opa Wolfgang, ihr gehört zu uns«, mischt sich jetzt Marco ein.

»Da bin ich froh, dass ihr die Großelterngeneration auch dazu zählt.«

»Komisches Wort, ›Geleration‹«, sagt Marco.

»›Generation‹, heißt das. Die, die in einer Familie ungefähr gleich alt sind, gehören zu einer Generation. Auch ihr seid eine …«

»Geleration«, fällt Marco ihr ins Wort und lacht.

**Wer gehört zu einer Familie?**

Eine Familie hat verschiedene Familienmitglieder. Da sind zuerst die Großeltern, die die Eltern zur Welt brachten. Das sind zwei Generationen, die Generation der Eltern und die der Großeltern. Dann kommen die Kinder, die auch eine eigene Gruppe, also eine eigene Generation, sind. Meist gehören zu einer Familie drei Generationen. Wenn es noch Urgroßeltern gibt – also die Eltern der Großeltern –, dann sind es sogar vier Generationen.

In einer Familie sind alle miteinander verwandt. Deine Mutter und dein Vater wurden durch die Heirat miteinander verwandt, du bist mit ihnen durch deine Geburt verwandt.

Leonie beginnt zu malen. Marco schaut zu.

»Das wird nie die Oma. Die ist doch viel dünner.«

»Lass mich malen und mal du selbst für dich etwas«, ärgert sich Leonie.

»Das sieht aus wie ein Pfannkuchen, aber nicht wie die Oma«, neckt Marco weiter.

»Da vergeht einem die Lust zu malen und außerdem kann ich es gar nicht mehr erwarten!«

»Ja, es ist wie an Weihnachten«, bestätigt Marco.

»Wenigstens wisst ihr, welches Geschenk ihr beide bekommt – und ich auch«, lächelt Frau Klenk.

Leonie nickt und erinnert sich an den Adventmorgen. Ihre Eltern waren ganz anders als sonst gewesen, irgendwie aufgeregt. Dann machten sie es schrecklich spannend.

»Liebe Kinder«, hatte ihr Papa gesagt. »Wir müssen euch etwas Neues und sehr Wichtiges mitteilen.«

Leonie war ganz aufgeregt gewesen.

»Bekommen wir endlich ein Haus?«

»Vielleicht brauchen wir das dann«, hatte Mama geheimnisvoll geantwortet.

»Ihr wisst doch, dass wir uns lieben«, hatte sie erklärt und Papa liebevoll angeschaut. »Und wenn man sich liebt, passiert manchmal etwas ganz Besonderes.«

»Das wissen wir doch schon alles.« Marco hatte die Augen verdreht.

**Wie eine Familie entsteht**

Alles fängt damit an, dass sich ein Mann und eine Frau ineinander verlieben. Irgendwann wollen sie Kinder. Manchmal kommt ein Kind auch ganz unerwartet. Aber immer ist ein Kind ein großes Geschenk. Und nun wird aus dem Liebespaar ein Elternpaar, aus Mann und Frau werden Vater und Mutter. Und das Kind stammt von ihnen ab. Das Kind macht alle drei zur Familie.

Früher hat man geheiratet, wenn man eine Familie gründen wollte. Heute müssen Eltern nicht mehr verheiratet sein. Die Hauptsache ist, sie leben zusammen und sorgen für die Kinder.

»Aber bald wird sich bei uns alles verändern«, hatte Papa hinzugefügt.

»Ihr und wir bekommen ein ...« Leonie hatte sich auf die Lippe gebissen und zu Marco rübergeschaut.

**Kleinfamilie und Großfamilie**

Familien, in denen es die Eltern und ein oder zwei Kinder gibt, nennen wir Kleinfamilien. Sie haben wenige Familienmitglieder. Heute sind die meisten Familien solche Kleinfamilien. Familien, bei denen viele Angehörige unter einem Dach leben, nennt man Großfamilien. Hier wohnen die Großeltern, Onkel und Tanten und Neffen und Nichten zusammen.

»Ich verstehe gar nichts«, hatte Marco verwirrt gefragt. »Bekommen wir endlich einen Hund?«

»Du bist aber schwer von Begriff«, hatte ihn Leonie geneckt. »Kein Hund, ein Geschwisterchen, du Dummkopf.«

»Wir bekommen ein neues Geschwisterchen?« Marco hatte es immer noch nicht begriffen.

»Ja, natürlich!« Leonie war vor Freude durch das Wohnzimmer gehüpft. »Ich finde das toll.«

»Und? Freust du dich nicht?«, hatte Papa Marco gefragt.

»Doch, aber nur, wenn es nicht so nervig ist wie Leonie.« Leonie war abrupt stehen geblieben und hatte Marco böse angezischt.

»Schlimmer als du kann eh kein anderer Bruder sein.«

»Dumme Kuh.«

»Nicht schon wieder, Kinder! Jetzt gibt es etwas, worüber man sich wirklich freuen kann und dann streitet ihr gleich wieder.«

»Wisst ihr schon, ob es ein Junge oder ein Mädchen wird? Und wie das Baby heißen soll?« Leonie und Marco reden aufgeregt durcheinander.

**Warum brauchen wir eine Familie?**

Kinder können nicht allein groß und erwachsen werden. Deshalb brauchen wir unsere Eltern, die uns umsorgen und erziehen. Am besten gelingt das in der Familie. Sie ist wie ein Haus, in dem man sich ganz sicher und geborgen fühlen kann.

In einer Familie wissen die Kinder, wohin sie gehören und von wem sie abstammen. Das gibt ihnen Schutz und Geborgenheit. So können sie sich sicher und geliebt fühlen. Kinder werden auf diese Weise stark und selbstbewusst.

»Wird nicht verraten. Das bleibt ein Geheimnis zwischen mir und Mama.«

»Außerdem gibt es noch ein Geheimnis.«

»Noch ein Geheimnis?«, hatten Leonie und Marco wie aus einem Munde gerufen.

»Aber auch das wird nicht verraten«, hatte Mama hinzugefügt und Papa angelächelt.

»... noch ein Geheimnis«, überlegt Leonie.

»Kommt«, Frau Klenks Stimme reißt Leonie aus ihren Grübeleien. » Ich muss noch zu Opas Grab und die Blumen gießen.«

»Nicht schon wieder auf den Friedhof«, quengelt Marco.

»Eigentlich hast du recht. Heute kommt ein neues Leben in unsere Familie und da sollten wir nicht an den Tod denken.«

»Aber irgendwie gehört Opa trotzdem zu unserer Familie, obwohl er schon lange tot ist«, denkt Leonie laut.

»Stimmt, und außerdem gehört beides zu einer Familie: das Geborenwerden und das Sterben.«

»Vielleicht sehen wir auch wieder unser Eichhörnchen.«

»Dann nichts wie los«, sagt Frau Klenk.

**Was sind die wichtigsten Familienereignisse?**

Durch die Geburt eines Kindes kommt ein neues Familienmitglied in die Familie. So wird die Familie größer. Deshalb ist eine Geburt ein ganz wichtiges Familienereignis, über das sich alle freuen. Später feiert man an diesem Tag den Geburtstag eines Menschen. Aber es gehört auch zur Familie, dass jemand stirbt. Dann wird die Familie kleiner. Meistens sind es die älteren Familienmitglieder, wie der Großvater oder die Großmutter, die sterben müssen. Die anderen Familienmitglieder sind dann traurig, weil sie den Verstorbenen mochten und er für die Familie wichtig war. Wenn eine Familie größer oder kleiner wird, müssen sich alle daran gewöhnen, dass sich die Familie verändert.

»Da ist es!«, flüstert Marco leise und zeigt auf einen dünnen Ast hoch oben in einer alten Linde.

Das Eichhörnchen macht einige Sprünge von Ast zu Ast, immer höher in die Baumkrone hinauf. Leonie und Marco legen ihre Köpfe ganz weit zurück. Das Eichhörnchen huscht wie ein kleiner roter Blitz weiter nach oben und wird immer kleiner. Dann ist es nicht mehr zu sehen.

»Wie lange ist Opa eigentlich schon tot?«, fragt Marco und schaut zu dem grau schimmernden Grabstein, auf dem der Name »Klenk« steht.

»Es ist schon lange her. Eure Mama und euer Onkel Martin waren etwa so alt wie ihr. Plötzlich stand ich mit den beiden Kindern ganz allein da.« Leonie schmiegt sich an ihre Oma. Frau Klenk nickt.

»Es war nicht einfach für die Kinder, ohne Vater aufzuwachsen. Und doch war auch diese Familie schön, auch wenn sie ganz anders war, als ich es mir als junge Frau immer gewünscht hatte.« Frau Klenk schweigt eine Weile.

Dann lächelt sie Marco und Leonie an: »Wie schön, dass eure Familie zusammen ist und jetzt auch noch größer wird. Schade, dass Opa das nicht mehr miterleben kann.«

**Ganze und unvollständige Familien**

Wenn alle, die zur Familie gehören, auch noch zusammen leben, dann ist das eine vollständige Familie. Aber genauso oft kommt es vor, dass in einer Familie einzelne Familienmitglieder fehlen. Manchmal fehlt einer der Großeltern, weil er nicht mehr lebt. Manchmal fehlt ein Elternteil, weil er sich von der Familie getrennt hat. Aber auch solch eine unvollständige Familie ist eine Familie. Das ist für die Kinder oft traurig und schwierig. Dennoch ist diese Familie deswegen nicht etwa schlechter. Auch sie sorgt für die Kinder und ist für sie da.

»Komm, wir holen die Gießkanne«, sagt Marco.

Die Geschwister rennen zu der Wasserstelle, an der fünf grüne Gießkannen in Reih und Glied stehen.

Frau Klenk schaut den beiden nach. ›Wie schön ist es, Kinder zu haben‹, denkt sie. ›Und heute werde ich vierfache Großmutter. Wie wunderbar.‹

Marco und Leonie gießen abwechselnd das Grab.

Frau Klenk schaut auf die Uhr. »Kinder, es ist schon spät, wir müssen nach Hause gehen und schauen, ob euer Papa angerufen hat.«

Frau Klenk schließt die Wohnungstür auf. Marco stürmt zum Telefon und drückt auf den Anrufbeantworter. Frau Klenk, Leonie und Marco stehen aufgeregt um den Anrufbeantworter herum und lauschen gespannt.

Dann ist Papas Stimme zu hören. Sie klingt ein bisschen anders als sonst: »Liebe Kinder. Alles ist gut gegangen. Und wenn ihr nachher kommt, wird das Geheimnis gelüftet. Aber eines ist jetzt schon klar: Ihr braucht euch nicht um das Baby zu streiten. Ich hole euch nachher ab und wir fahren in die Klinik zu Mama und zu … zu wem, das werdet ihr dann sehen.«

»Mir fällt ein Stein vom Herzen«, Frau Klenk ist die Erste, die die Sprache wiederfindet.

»Immer noch das Geheimnis«, jammert Marco.

»Ja, das ist gemein.«

»Aber dafür wird es nachher eine umso größere Überraschung und Freude«, tröstet Frau Klenk.

Es klingelt.

»Das ist Papa!« Leonie steht schon an der Tür.

»Kommt. Mama wartet schon auf euch.« Herr Manhardt ist ganz außer Atem.

»Es ist alles gut gegangen. Mama geht es gut, allen geht es gut«, erklärt Herr Manhardt freudig aufgeregt. Nervös tritt er von einem Bein auf das andere.

»Wir sind gleich fertig«, sagt Frau Klenk.

»Ist es ein Junge?«, fragt Marco.

»Und wie heißt das Baby?«

»Das werdet ihr gleich sehen.«

»Langsam und ganz leise, sonst erschreckt ihr die Babys«. Leonie schaut ihren Vater einen Augenblick verwirrt an. Doch schon öffnet ihr Vater die Zimmertür.

Mama sitzt in einem großen weißen Bett und hat ein Baby im Arm.

»Schön, dass ihr kommt. Schaut, wer nun zu unserer Familie gehört. Darf ich euch vorstellen: Das ist Paul.«

»Ein Junge!«, triumphiert Marco und grinst seine Schwester an. Leonie lässt sich nichts anmerken.

»Süß«, sagt sie und tritt ganz nahe an das Baby heran.

»Und wie winzig«, ergänzt Frau Klenk. »So klein wart ihr auch einmal.«

»Und nun darf ich euch eure Schwester vorstellen«, unterbricht sie Herr Manhardt. Er zeigt auf ein Bettchen am Fußende des großen Bettes. Leonie und Marco hatten es ganz übersehen.

»Das ist Klara.« Jetzt grinst Leonie.

»Meine Schwester!«

»Eure Schwester«, korrigiert Frau Manhardt.

»Und die Zwillingsschwester von Paul«, fügt Herr Manhardt hinzu.

»Zwillinge?«, rufen Leonie und Marco wie aus einem Munde.

»Ja, Zwillinge!«, bestätigt Frau Manhardt und lächelt.

## DEIN FAMILIENBAUM

Du kannst in diesen Baum alle deine Familienmitglieder mit Namen und Alter eintragen. Am besten beginnst du unten an der Baumkrone mit deinen Großeltern, dann kommen deine Eltern und deine Tanten und Onkel. Ganz oben kommst du mit – falls du welche hast – deinen Geschwistern.
Am besten fragst du deine Mama oder deinen Papa, wer alles zu deiner Familie gehört und an welche Stelle sie am besten passen. Vielleicht hast du auch Lust, in den Fotoalben deiner Eltern nachzuschauen.

# Wie das Zusammenleben in einer Familie gut klappt

## LAURA UND TIM VERANSTALTEN EINEN FAMILIENSUPERTAG

Aus dem Wohnzimmer ertönt ein lauter Schlag. Etwas Schweres fällt polternd zu Boden. Glas klirrt. Dann hört man die verärgerte Stimme von Tims und Lauras Mutter.

»So ein Mist! Warum könnt ihr bloß eure Sachen nicht wegräumen. Jetzt sind die schönen Gläser kaputtgegangen! Wem wohl wieder diese Schuhe gehören ... Natürlich, das hatte ich mir doch gedacht, die können nur von Tim sein!«

Dann ruft sie verärgert nach oben: »Tim, komm sofort herunter und hilf mir, die Scherben aufzuräumen!«

Tim hat in seinem Kinderzimmer alles mitbekommen. Er räkelt sich auf seinem Bett. Am liebsten würde er sich unter der Bettdecke verkriechen. »Warum muss es so etwas Nerviges geben wie Eltern. Dauernd wollen sie etwas und ständig schimpfen sie«, seufzt Tim leise.

Er öffnet die Kinderzimmertür und schaut vorsichtig nach unten. Da liegen ein Tablett und viele Glasscherben in einer großen Pfütze. Alles ist nass.

»Oje, was für eine schöne Bescherung«, ertönt eine dunkle Stimme aus dem Eingangsflur. Tims Vater, Herr Penzold, ist nach Hause gekommen. Er bückt sich und hebt das Tablett auf.

»Tim, hol mal den Wischlappen.« Er sammelt vor-

sichtig die Scherben ein und legt sie auf das Tablett. Dann schaut er seine Frau an: »Jetzt komm, das ist doch nicht so schlimm. Tim hat das bestimmt nicht mit Absicht gemacht.« Frau Penzold zuckt wortlos die Schultern.

**Eltern-Sein ist schön und schwer**

Damit das Zusammenleben in einer Familie klappt, müssen viele Dinge gemacht werden: Die Aufgabe der Eltern ist es, für die Familie zu sorgen. Dafür müssen sie Geld verdienen. Und sie müssen die Kinder versorgen und erziehen. Das können Kinder nicht selbst. Eltern machen das sehr gern, weil sie ihre Kinder lieben. Das ist das Schönste am Eltern-Sein.

Doch ist es nicht immer einfach: Eltern sind häufig im Stress. Oft sind beide berufstätig. Und zu Hause gibt es immer viel zu tun: Kochen, Putzen, Wäschewaschen und viele andere Aufgaben gehören zum täglichen Programm.

»Ihr Männer haltet immer zusammen. Ich muss den Dreck aufputzen und du bist ständig bei der Arbeit.«

»Ja, aber das mache ich doch nur, um Geld nach Hause zu bringen. Außerdem beteilige ich mich am Haushalt viel mehr als andere Männer.«

»Und ich – tue ich etwa nichts? Seit ich wieder arbeite, klappt zu Hause gar nichts mehr. Ich muss mich um alles kümmern. Und du bist nie da.«

»Das stimmt nun aber wirklich nicht.«

Frau Penzold schüttelt den Kopf und wischt sich ein paar Tränen aus den Augen.

»Ich weiß, es ist viel Arbeit. Auch mir wächst manchmal alles über den Kopf«, tröstet Herr Penzold seine Frau.

Tim steht schon seit einiger Zeit etwas verloren mit dem Wischlappen in der Hand da. Er weiß nicht, was er sagen soll. Dann stottert er: »Hier ist der Wischlappen. Soll ich ...?«

**Die Mutter- und Vaterrolle**

Früher hatten der Vater und die Mutter ganz bestimmte Aufgaben. Die Mutter war zu Hause. Sie führte den Haushalt und erzog die Kinder. Der Vater ging zur Arbeit. Zu Hause half er nur wenig mit. Jeder wusste, was er zu tun hatte. Das nennen wir die Rolle des Vaters und der Mutter.

Heute ist das anders. Auch der Vater arbeitet zu Hause mit und erzieht die Kinder. Viele Mütter sind berufstätig und gehen zur Arbeit. Beide Elternteile kümmern sich also um die gleichen Aufgaben. Die Rolle des Vaters und der Mutter sind somit ganz ähnlich geworden.

Und dennoch ist es auch gut, dass dein Vater und deine Mutter nicht gleich sind. Manche Dinge kann dein Vater, manche Dinge kann deine Mutter besser. Und du machst manches lieber zusammen mit deiner Mutter und manches lieber mit deinem Vater.

»Komm, wir zwei machen das jetzt zusammen! Mama soll sich ausruhen.«

»Ich muss mich jetzt nicht ausruhen. Ihr braucht auf mich keine Rücksicht zu nehmen. Aber ihr könntet wenigstens auf das hören, was ich euch sage.«

»Das tun wir doch – fast immer«, entgegnet Laura. Sie hat sich inzwischen auch aus ihrem Kinderzimmer gewagt.

»Wenn ihr wenigstens verstehen würdet, was ich für einen Stress habe, dann würde es mir schon besser gehen«, fährt Frau Penzold fort.

**Zuhören und einander verstehen**

Damit ihr euch in eurer Familie wohlfühlt, müsst ihr aufeinander hören. So weiß jeder, was der andere denkt und was er sich wünscht. Auf diese Weise merkt man auch, wie es dem anderen geht. Oft spüren wir das ganz von allein. Wir müssen nur in das müde, traurige oder fröhliche Gesicht des anderen schauen. Du kannst ihn aber auch fragen »Wie geht es dir?« Dann kann der andere es dir genau sagen.

Meistens hat man einen Grund, warum es einem gerade gut oder schlecht geht. Du verstehst den anderen besser, wenn du diesen Grund kennst. Wenn du ihn danach befragst, fühlt er sich von dir verstanden.

**Jeder hilft mit – Pflichten sind lästig, aber nötig**

In einer Familie gibt es viel zu tun. Weil einer allein das nicht alles erledigen kann, müssen alle mit anpacken. Jeder so, wie es seinem Alter entspricht: Die Großen übernehmen mehr, die Kleinen weniger oder einfachere Aufgaben – aber alle helfen mit. So machen sogar unangenehme Dinge wie das Putzen oder Aufräumen Spaß.
Außerdem geht es leichter und schneller, wenn alle zusammen helfen. Und jedem bleibt dann noch Zeit, um etwas Schönes zu machen.

»Bald ist Muttertag, da bekommst du etwas Schönes von uns geschenkt«, versucht Laura ihre Mutter zu trösten.

»Ich will doch gar keine besonderen Geschenke. Ich wünsche mir nur, dass ihr alle mehr mithelft.«

»Gibt es dann für mich auch etwas zum Vatertag?«, scherzt Herr Penzold.

»Und wann haben wir eigentlich Kindertag?« Tim erhebt sich und betrachtet zufrieden den blitzblanken Boden.

»Kindertag ist jeden Tag!«, erwidert Lauras Mutter.

»Von wegen. Wir müssen jeden Tag in die Schule.«

»Und mithelfen müssen wir auch noch«, ergänzt Laura.

»Das bisschen, was ihr hier tut. Und jedes Mal muss ich euch extra darum bitten.« Frau Penzolds Stimme klingt ein wenig rau.

»Wir müssten uns mal wieder unseren Plan vornehmen und schauen, ob ihr Kinder überhaupt noch das macht, was wir vereinbart hatten.«

»Ich hole immer die Saftflaschen aus dem Keller«, brummelt Tim.

»Und ich muss die Blumen gießen und am Abend noch Schnurr füttern«, Lauras Stimme klingt ein wenig schrill.

»Tut mir leid«, unterbricht ihre Mutter sie knapp. »Die Katze habt ihr gewollt und ihr habt versprochen, dass ihr sie füttert. Das ist eure Aufgabe und eure Pflicht. Darüber wird nicht diskutiert. Oder soll Schnurr etwa verhungern?«

»Nein, aber der will immer fressen. Ständig muss ich neues Futter herbeischaffen.«

»Und ich muss meine Kleider aufräumen und du noch nicht«, beschwert sich nun Tim.

»Du bist ja auch schon zwölf und ich erst zehn.«

»Jetzt hört auf. Hier muss jeder mitarbeiten, schließlich sind wir eine Familie. Und eine Familie ist wie ein Geschäft oder eine Firma. Wenn sie funktionieren soll, müssen alle mitmachen.«

»Ich habe den Plan gefunden«, meldet sich Frau Penzold. »Hier steht genau, welche Aufgaben jedes Kind übernimmt. Schaut her. Tim muss den Gehweg kehren, den Sprudel holen und morgens Schnurr füttern ...«

»Wo ist eigentlich Schnurr«, unterbricht Laura.

»Lenk jetzt nicht ab. Und jedes Kind muss einmal in der Woche sein Zimmer aufräumen und staubsaugen. Eigentlich ist das gar nicht so viel.«

»Puh. Wahnsinnig viel«, stöhnt Tim.

»Und ich muss auch so viel machen, obwohl ich noch jünger bin«, jammert Laura. »Das ist gemein. Ich will nicht mehr die Blumen gießen. Es sind so viele Blumen. Da werde ich nie fertig.«

»Nun, so steht es auf unserem Plan. Und wenn wir den verändern wollen, müssen wir uns alle zusammensetzen und gemeinsam beraten. Wir müssten also mal wieder einen Familienrat einberufen«, sagt Herr Penzold mit entschiedener Stimme.

»Papa, darf ich noch ein bisschen an den Computer gehen?« Tim schaut zur Wohnzimmertür rein.

»Wie lange hast du denn heute schon davor gesessen? Mehr als die halbe Stunde, die wir vereinbart haben?«

»Mhm. Nur ganz kurz.«

»Wirklich? Soll ich besser Mama fragen?«

**Ehrlich geht es besser**

Ehrlich zu sein ist schwierig. Und trotzdem ist es das Beste. Wenn du immer die Wahrheit sagst, dann wissen alle, dass sie dir glauben können. Deine Eltern und Geschwister können dir vertrauen.
Beim Flunkern, Schwindeln und Lügen wirst du meistens ertappt. Dann sind die anderen enttäuscht und werden misstrauisch. Bald glauben sie nichts mehr von dem, was du sagst. Sie nehmen dich dann nicht mehr ernst. Und das ist traurig.

»Mhm. Vielleicht war es doch ein bisschen länger«, gibt Tim zu.

»Tim! Ich mag es gar nicht, wenn du mich anschwindelst. Da werde ich ärgerlich. Wenn du schwindelst, weiß ich nicht mehr, was ich dir glauben kann und was nicht. Also, noch eine halbe Stunde Computer, Abendessen und dann ins Bett.«

Tim ist fast schon eingeschlafen. Da klopft es leise.

›Wer ist das denn bloß?‹, Tim fährt erschrocken auf. Er knipst seine Nachttischlampe an und sieht Laura.

»Was willst du denn jetzt noch?«

»Wir müssen Mama helfen. Die war doch vorhin ganz erledigt, als das mit dem Tablett passiert ist.«

»Stimmt. Du hast recht. Aber was können wir Kinder da schon machen. Mama ist nie zufrieden. Nie sagt sie, dass das, was wir machen, einfach gut ist.«

Laura nickt nachdenklich.

»Trotzdem ... Wir müssen etwas für Mama tun, damit sie merkt, dass wir es nicht böse meinen, wenn wir mal etwas vergessen oder falsch machen. Vielleicht etwas ganz Verrücktes.«

»Verrückt? Wie meinst du das?«

»Wir könnten einen ganz verrückten Familientag machen. Wir stellen alle Regeln auf den Kopf und tun genau das Gegenteil: Wenn wir laut und deutlich sprechen sollen, nuscheln wir leise, wenn wir anständig essen sollen, schlürfen und schlabbern wir laut.«

**Kinder dürfen Kinder sein und Eltern sind Eltern**

Kinder dürfen verrückte und lustige Ideen haben. Sie müssen nicht immer vernünftig sein. Sie dürfen auch unvernünftig, witzig, frech, vorlaut, quengelig, ungeduldig oder sauer sein. Natürlich nicht immer!

Eltern dagegen sind erwachsen. Sie müssen dafür sorgen, dass alles gut läuft. Sie tragen die Verantwortung. Deshalb sind Eltern oft ernst, vernünftig und streng. Natürlich nicht immer! Auch sie dürfen manchmal wie Kinder sein.

»Und wenn wir aufs Klo sollen, pinkeln wir auf den Teppich«, Tim runzelt im Halbdunkel die Stirn.

»Aber lustig wäre es schon, oder?« Laura gibt sich noch nicht geschlagen.

»Ja, schon, aber ob Mama und Papa sich darüber freuen würden? Für die sind doch Regeln das Allerwichtigste.«

»Und Verbote.«

»Stimmt. Immer nur Verbote. Nichts darf man machen, immer sagt einer ›Nein‹«, seufzt Tim.

»Dann machen wir es umgekehrt?«

»Wie jetzt? Umgekehrt von umgekehrt?«

»Genau! Wir halten uns genau an die Regeln. Wir sind Superkinder!«

»Und die Eltern werden Supereltern!?«

»Das müssen die dann auch werden.«

»Ob das funktioniert?«

»Bestimmt. Das wird dann ein Familiensupertag!«

»Dann müssen wir ganz höflich sein, richtig am Tisch sitzen, alles sofort aufräumen, uns nicht streiten … Ob wir das schaffen?«

Tim ist verwirrt. Er klettert aus dem Bett. Laura reicht ihm feierlich die Hand.

»Abgemacht!«, sagt Laura.

»Nicht so laut, sonst hören uns die Eltern!«, flüstert Tim. »Abgemacht!«

»Am Samstag vor dem Muttertag geht's los.« Laura verschwindet lautlos aus Tims Zimmer.

**Regeln und Verbote – muss das sein?**
Für Kinder sind Regeln und Verbote oft nervig. Aber ohne sie würde das Familienleben nicht klappen. Dann würde jeder machen, was ihm gerade so einfällt: Der eine würde mit den Händen essen, der andere seine Schuhe auf dem Tisch abstellen und noch einer das schmutzige Geschirr in den Mülleimer werfen. Regeln legen fest, wie etwas funktionieren muss, damit das Zusammenleben in der Familie klappt und alle miteinander gut auskommen.

Eltern müssen manche Sachen verbieten, weil sie für dich gefährlich wären. Kinder wollen oft mehr, als für sie gut ist. Deshalb müssen Eltern Grenzen setzen. Sie müssen Nein sagen, wenn du zu viel Süßigkeiten isst oder zu viel fernsiehst.

Morgens um sechs Uhr klingelt der Wecker. Erschrocken fährt Tim hoch.

›So früh. Warum habe ich den bloß auf so früh gestellt?‹, denkt er. ›Natürlich, heute ist der Samstag vor dem Muttertag.‹

Mühsam quält er sich aus dem Bett. Er schleicht zu Laura. Die schläft noch tief und fest.

»Aufwachen!« Tim rüttelt Laura an der Schulter. Ganz langsam öffnet seine Schwester die Augen.

»Was ist los?«, stöhnt sie gequält. Als sie Tim sieht, schimpft sie gleich ärgerlich los: »Spinnst du, du Blödmann, mich so früh zu wecken?!«

»Ich spinne gar nicht«, erwidert Tim. »Heute ist der Tag der Superkinder. Da gibt es auch keine Schimpfwörter zwischen uns. Los, komm, wir machen jetzt das Frühstück und bringen es den Eltern ins Schlafzimmer.«

»Mhm, aber das geht doch gar nicht.«

**Warum Eltern auch mal allein sein wollen**

Deine Eltern sind nicht nur Eltern, sondern auch ein Liebespaar. Deshalb wollen sie manchmal etwas ohne die Kinder machen. Das ist nicht gegen die Kinder gerichtet. Aber Eltern brauchen ab und zu Zeit für sich. Sie wollen auch einmal ohne Kinder zusammen sein, etwas gemeinsam unternehmen oder miteinander schlafen. Und manchmal müssen sie Dinge besprechen, die die Kinder nichts angehen.

»Stimmt. Die Eltern wollen ausschlafen.«

»Und außerdem wollen sie nicht gestört werden, weil sie schmusen möchten.«

Tim legt seine Stirn in Falten und denkt nach. Dann strahlt er. »Ich habs! Ich weiß, wie wir sie überraschen können, ohne sie zu stören. Ich mache zuerst den Kaffee und und du toastest das Brot.«

Geräuschlos verschwinden beide in der Küche. Ab und zu hört man das leise Klappern des Geschirrs. Dann ist es so weit. Vorsichtig tragen die Geschwister die beiden Tabletts mit dem Frühstücksgeschirr, dem Toastbrot, Wurst, Käse und Marmelade vor die Schlafzimmertür.

»Ich muss noch schnell etwas holen«, flüstert Tim. Laura lauscht an der Tür. Alles ist still. Die Eltern scheinen tief zu schlafen. Tim kommt mit einer dunkelgrünen Flasche zurück.

»Was ist denn das?«

»Eine Sektflasche.«

»Wofür denn?«

»Die Eltern trinken doch bei Festen gerne Sekt. Außerdem kann ich sie damit wecken.«

»Wecken?«

»Gleich wirst du's sehen!«

Tim stellt sein Tablett auf den Boden und löst umständlich den Verschluss der Flasche. Dann drückt er gegen den Korken. Dabei prustet er leise vor Anstrengung. Der Korken rutscht im Flaschenhals langsam nach oben. Plötzlich gibt es einen lauten Knall. Der Korken schießt wie eine Rakete an die Decke. Es klirrt und das Licht geht aus. Sekt sprudelt aus der Flasche auf den Teppichboden. Von der Decke fallen Scherben herunter.

Die Schlafzimmertür wird aufgerissen. Wie ein wütender Gorilla steht Herr Penzold da. »Was ist denn hier los? Seid ihr verrückt geworden? Keine Sekunde ohne Ärger mit euch, und das auch noch am Samstagmorgen.« Hinter Herrn Penzold taucht nun Frau Penzold auf.

»Oh nein, Laura, du hast ja meinen teuersten Lippenstift genommen.« Laura steht bedröppelt da. Sie hat sich fein geschminkt und ihr bestes Kleid angezogen. Auf dem weißen Stoff sind einige rote Lippenstiftflecken zu sehen. Tim und Laura stehen ganz still, fast feierlich da.

»Pst«, macht Tim und schlägt die Augen nieder.

Frau Penzold legt beruhigend die Hand auf die Schulter ihres Mannes.

»Ich verstehe. Ihr habt wohl den Tag verwechselt. Heute ist doch noch gar nicht Muttertag«, sagt sie.

»Nein, aber Familiensupertag«, erwidert Laura.

»Familiensupertag? Der fängt ja schon gut an. Was soll denn der Blödsinn?«, sagt Herr Penzold, immer noch ärgerlich.

»Pst«, macht Tim und legt seinen Zeigefinger auf die Lippen.

»Und da wird nicht geschimpft«, ergänzt Laura.

»Und jeder ist höflich, egal, was passiert. Habe ich recht verstanden?« Frau Penzold lächelt. »Komm, wir legen uns wieder ins Bett«, sagt sie zu ihrem Mann und zieht ihn ins Schlafzimmer.

»Und wir bringen euch das Frühstück.«

»Toll«, knurrt Herr Penzold.

»Toll«, lacht Frau Penzold und macht es sich im Bett gemütlich. Tim und Laura servieren Kaffee, Toastbrot, Butter, Wurst und Marmelade. Nur Sekt gibt es keinen mehr.

»Ist das herrlich, so bedient zu werden«, freut sich Frau Penzold. »Wie höflich ihr sein könnt.«

Laura nickt Tim zu: »Habe ich es nicht gesagt, Mama merkt so etwas.«

»Und wer putzt draußen?« Herr Penzold lässt nicht locker.

»Das Putzen habe ich ja schon geübt. Und die Lampe muss ich wohl bezahlen«, seufzt Tim und verdreht theatralisch die Augen.

»Und jetzt genießen wir den Familiensupertag.« Frau Penzold streichelt ihren Mann. Tim und Laura lächeln.

»Wie wäre es, ihr beiden kommt noch ein bisschen zu uns ins Bett zum Schmusen?«, überlegt Frau Penzold. Das lassen sich Tim und Laura nicht zweimal sagen.

»Jetzt wird es gemütlich.« Herr Penzold rückt ein wenig zur Seite. Tim schlüpft zu ihm ins Bett. Laura kriecht bei ihrer Mutter unter die Bettdecke.

»Wunderschön«, sagt Frau Penzold. »Und weil es heute so schön ist, lassen wir morgen den Muttertag ausfallen.«

»Und heute den Familiensupertag«, knurrt Herr Penzold gemütlich. »Eltern und Kinder können nicht super sein, jedenfalls nicht lange. Am besten sind wir alle so, wie wir sind.«

## DAMIT ALLES KLAPPT – DIE WICHTIGSTEN FAMILIENREGELN

Ich schlage dir und deiner Familie ein paar wichtige Regeln vor. Eine Regel gibt vor, was man machen und beachten sollte. Wenn ihr euch an diese Regeln haltet, dann geht es allen gut. Natürlich muss man das Einhalten von Regeln auch üben. Und manchmal ist es auch schwer, eine Regel zu befolgen.

- Die Familienregeln gelten für alle! Für die Eltern, weil sie Vorbild sind. Für die Kinder, weil sie groß werden wollen. Für alle, damit es in deiner Familie gut läuft und ihr euch in eurer Familie wohlfühlt.
- Eltern sagen und zeigen, dass sie die Kinder lieb haben. Kinder dürfen das ihren Eltern auch sagen. Wenn ihr schmust, euch beschenkt oder etwas Liebes sagt, merkt man, dass ihr euch in der Familie gern habt.
- Jeder ist wichtig! Deshalb nimmt man die anderen ernst und sich selbst natürlich auch.
- Jeder nimmt Rücksicht auf den anderen! Und er passt auf, dass er dem anderen nicht wehtut.
- Jeder versucht, den anderen zu verstehen! Wenn wir begreifen, wie sich der andere fühlt, dann können wir auf ihn Rücksicht nehmen und ihm etwas Gutes tun.
- Jeder ist höflich! Zum Beispiel fragt er, wenn er etwas haben möchte und verwendet das Wort »Bitte«. Wenn er etwas bekommen hat, sagt er »Danke«. Den

Vogel zu zeigen, Schimpfwörter zu benutzen oder den anderen anzuschreien, ist nicht besonders höflich.

- Reden hat Vorfahrt! Reden ist besser, als beleidigt zu sein, als sich zu bekriegen, rumzuschimpfen oder zu schlagen.
- Jeder darf seine eigene Meinung sagen und jeder hört auf das, was der andere sagt. Deshalb darf jeder ausreden und genauso lässt man auch die anderen ausreden.
- Was besprochen und ausgemacht ist, gilt! Daran halten sich dann alle.
- Alle helfen mit! Jeder übernimmt Aufgaben, die er für die anderen und die Familie erledigt.
- Wenn die anderen etwas gut machen, sagen wir ihnen das auch. Darüber freuen sie sich.
- Alle strengen sich an, die Familienregeln einzuhalten. Wenn's nicht klappt, ist das kein Beinbruch. Seht es eher als Ansporn, es beim nächsten Mal besser zu machen.

## ALLE BESTIMMEN MIT – DIE FAMILIENKONFERENZ

Wenn man bei der Arbeit etwas Wichtiges zu besprechen hat, setzt man sich zusammen und macht eine Konferenz. Da ihr in deiner Familie viele wichtige Dinge zu bereden habt, braucht ihr auch eine solche Konferenz, also eine Familienkonferenz. Wichtig ist, dass ihr bestimmte Regeln einhaltet:

- Ihr dürft über alles reden: über Ärger, Streit, Klagen oder Wünsche, über Urlaubspläne, über die Unordnung im Kinderzimmer oder über Taschengeld.
- Jeder darf reden, ohne unterbrochen zu werden.
- Am besten sprecht ihr zuerst darüber, was in der Familie gerade gut läuft und was schön ist.
- Dann könnt ihr bereden, womit alle – die Kinder und die Eltern – unzufrieden sind.
- Anschließend überlegt ihr euch, warum etwas schiefläuft und ärgerlich ist. Ihr werdet feststellen, dass daran fast immer alle beteiligt sind.
- Und nun sammelt ihr Ideen, wie ihr das gemeinsam in Zukunft besser machen könnt. Jede Idee, jeder Wunsch und jeder Vorschlag wird ernst genommen.
- Dann wählt ihr einen dieser Vorschläge aus. Manchmal kann man zwei oder drei Vorschläge zu einer guten Idee zusammenfügen.
- Dann legt ihr fest, wer das machen soll, und probiert den Vorschlag aus.

Familie ist nicht immer einfach, aber einfach toll!

## ANNA, PIA UND PAUL WÜNSCHEN SICH EIN EIGENES KINDERZIMMER

»Wie sieht es denn hier schon wieder aus?«, schimpft Frau Bauer, die Mutter von Anna, Pia und Paul. Kopfschüttelnd steht sie an der Türschwelle zum Kinderzimmer. Auf Annas und Pias Stockbett liegen Berge von Kleidern. Vor Pauls Kinderbett ist ein riesiger Spielzeughaufen aufgetürmt.

### Chaos im Kinderzimmer – Aufräumen ist so schwer

Natürlich ist es für dich leichter, nicht aufzuräumen. Denn Aufräumen macht Mühe. Aber es lohnt sich! Aufgeräumt ist dein Kinderzimmer viel schöner, in der Schultasche findest du sofort alles wieder und dein Spielzeug geht nicht so schnell kaputt. Am besten ist es, du räumst die Dinge, die du gerade benutzt hast und nicht mehr brauchst, sofort auf. Je mehr du das Aufräumen übst, desto leichter fällt es dir.

»Warum könnt ihr bloß nicht regelmäßig aufräumen und besser Ordnung halten«, seufzt ihre Mutter.

»Aber Mama, mit einem kleinen Bruder geht das nicht«, protestiert Pia. »Jungs sind einfach Chaoten, bei denen geht alles durcheinander.«

»Na ja«, stimmt Frau Bauer den Mädchen zu, »Paul muss wohl noch einiges lernen.«

»Ja, Mama«, bestätigt Anna.

»Und wir dagegen sind die reinsten Engel«, ergänzt Pia.

»Das kann ich zwar nicht ganz bestätigen«, schmunzelt Frau Bauer, »aber ihr habt recht, so kann es nicht weitergehen. Ihr braucht ein eigenes Kinderzimmer. Nur kann euer Vater sich nicht dazu entscheiden. Dabei wäre es ein Einfaches, im Dachgeschoss drei Kinderzimmer auszubauen. Aber die Männer …«, seufzt Frau Bauer. »Wo ist eigentlich Paul?«

Anna und Pia zucken mit den Schultern. Frau Bauer verschwindet und ruft »Paul! Paul? Paul, wo bist du?«

**Geschwisterzoff gehört dazu**

Geschwister müssen sich streiten. Jeder will der Beste sein. Jeder wünscht sich, dass die Eltern ihn am meisten lieben. Und jeder möchte das größte und schönste Geschenk erhalten. Deshalb kämpfen Kinder miteinander. Sie sind manchmal ziemlich wütend aufeinander, manchmal hassen sie den Bruder oder die Schwester sogar. Solange man dem anderen dabei nichts Schlimmes antut, sind solche Gefühle ganz normal. Sie vergehen bald wieder. Am Schluss mag man seinen Bruder oder die Schwester wieder genauso gern. Denn eigentlich gibt es nichts Besseres, als Geschwister zu haben!

»Am liebsten würde ich Paul auf den Mond schießen«, schimpft Anna.

»Und ich könnte ihn manchmal erwürgen«, bestätigt Pia.

»Hin und wieder kann er aber auch ganz süß sein.«

»Stimmt, besonders lustig ist es mit ihm, wenn er seine Witze macht.«

»Trotzdem: So kann es nicht weitergehen. Wir brauchen eigene Kinderzimmer.«

»Aber wie kriegen wir Papa dazu, dass er endlich die Kinderzimmer im Dachgeschoss baut?«

»Ganz einfach«, entscheidet Anna: »Wir streiken.«

»Streiken, was ist das?«

Anna erklärt ihrer Schwester: »Arbeiter in einer Fabrik streiken, damit sie mehr Geld bekommen oder weniger arbeiten müssen. Bei einem Streik hören sie auf zu arbeiten und dann werden zum Beispiel keine Autos mehr gebaut.«

Pia staunt: »Und wenn der Briefträger streikt, gibt es keine Briefe mehr?«

»Ja.«

»Und wie streiken wir?«, grübelt Pia. »Wir bauen doch keine Autos und tragen keine Briefe aus.«

»Das müssen wir noch überlegen!«

»Paul!« Anna und Pia hören ihre Mutter draußen laut kreischen.

»Unser kleines Scheusal.« Anna verdreht die Augen.

»Paul! Bist du wahnsinnig!«

»Unser kleines Scheusal«, singt Pia und grinst. »Komm, lass uns schauen, was Paul sich heute hat einfallen lassen.« Doch das Grinsen vergeht den Mädchen schnell: Im Flur liegen ihre Schulhefte, Schulbücher und Buntstifte wie an einer langen Schnur aufgereiht auf dem Boden.

Die Spur führt Anna und Pia geradewegs in den Garten. Dort stehen Paul und sein Freund Marc und blicken schuldbewusst zu Boden. Vor ihnen fuchtelt Frau Bauer wild mit den Armen in der Luft. Sie zeigt auf den Gartenteich. Anna und Pia rennen in den Garten.

»Was ist los?«, ruft Anna. Anna und Pia starren auf den Teich. Nichts ist zu sehen.

»Eure Schultaschen sind untergegangen«, erklärt Frau Bauer.

»Untergegangen?«, fragt Pia.

»Wir dachten, die können schwimmen.« Paul schaut sie betreten an.

»Wir holen sie gleich wieder raus«, sagt Marc entschuldigend.

»Das nützt nun auch nicht mehr viel. Die Ranzen werden kaputt sein.« Frau Bauer schüttelt den Kopf.

»Ihr seid echt doof«, schimpft Pia.

»Lasst jetzt die Taschen im Teich und sammelt die Schulsachen von Anna und Pia ein«, befiehlt Frau Bauer in strengem Tonfall. »Und ich brauche nach diesem Ärger erst einmal einen Kaffee.«

Paul und Marc schleichen kleinlaut hinter Frau Bauer her.

**Warum machen Kinder nicht immer das, was die Eltern wollen?**

Kinder haben einen eigenen Willen. Und den brauchen sie, um stark und selbstbewusst zu sein. Weil sie lieber das tun, was ihnen gefällt, hören Kinder nicht so gerne auf ihre Eltern. Doch manchmal geht das schief.

Oft machen Kinder genau das Gegenteil von dem, was ihre Eltern für richtig halten. Auch das ist ganz normal. Kinder müssen Dinge ausprobieren. Hin und wieder müssen sie sich auch gegen die Eltern stellen, um zu sehen, wie stark sie sind. Manchmal geschieht das aber einfach nur aus Trotz oder Wut.

Kaffeeduft zieht durch das Haus. Paul und Marc sehen vorsichtig um die Ecke. Der Tisch ist gedeckt, sogar ein frisch gebackener Kuchen steht darauf.

»Toll«, entfährt es Marc.

»Pst«, zischt Paul. Doch Frau Bauer hat die beiden gehört.

»Ihr dürft hereinkommen, auch wenn ihr es nicht verdient habt.« Frau Bauer kann schon wieder lächeln. »Da kommen auch Pia und Anna aus ihren Zimmern.«

»Wirklich, keine gute Idee, das mit den Schultaschen. Wer ist denn darauf gekommen?«, erkundigt sich Anna.

Paul und Marc werfen sich verschwörerische Blicke zu. »Weiß nicht mehr«, weicht Paul aus.

»Egal, wer sich diesen Blödsinn ausgedacht hat, das muss Konsequenzen haben. Ich denke, du kannst heute nicht bei Marc übernachten! Verstanden?« Frau Bauer legt ihre Stirn in strenge Falten.

»Mama, das kannst du doch nicht verbieten. Wir haben uns so sehr darauf gefreut«, jammert Paul.

»Stimmt, Frau Bauer.« Marc blickt sie bittend an.

»Und außerdem hat Marc keinen Bruder und keine Schwester.«

»Oh, der Glückliche«, bemerkt Pia.

»Eine Familie ohne Geschwister. Ist das nicht herrlich?«

»Ihr redet dummes Zeug. Ohne mich wäre es hier stinklangweilig«, protestiert Paul.

»Ja«, seufzt Pia, »aber auch viel einfacher.«

**Was sich ein Einzelkind wünscht**

Wenn ein Kind keine Geschwister hat, ist es ein Einzelkind. Das hat viele Vorteile: Das Kind steht oft im Mittelpunkt der Familie, es bekommt mehr Wünsche erfüllt als Geschwisterkinder und es muss sich nicht ständig zanken.

Aber einen Nachteil hat es: Das Einzelkind ist immer allein. Deshalb sehnt es sich nach Geschwistern.

Das Alleinsein ist leichter auszuhalten, wenn das Einzelkind viele Freunde hat, die es oft einlädt oder zu denen es auf Besuch geht.

»Jetzt fangt nicht wieder an zu streiten. Eines ist klar: Mit dem heutigen Spaß sind die beiden Schultaschen kaputt.« Frau Bauer zeigt auf den nassen Ranzen von Anna, den sie aus dem Teich gefischt hat.

»Und wer bezahlt das?«, fragt Anna.

»Paul muss mindestens einen Teil von seinem Sparbuch rausrücken«, bestimmt seine Mutter.

»Nein, das ist gemein.«

»Doch. Strafe muss sein.«

»Meine Eltern sagen, dass man Kinder nicht bestrafen soll«, wendet Marc ein.

»Vielleicht ist Strafe auch das falsche Wort«, lenkt Frau Bauer ein. »Aber wer solch einen Quatsch macht, der muss spüren, dass das Konsequenzen hat.«

**Regeln und Folgen**

Kinder müssen merken, wenn sie gegen eine Regel verstoßen haben. Das hat dann Folgen – man sagt dazu auch Konsequenzen. Wer bei kaltem Wind keine Mütze aufsetzt, bekommt als Folge davon vielleicht Ohrenschmerzen.

Bei Regeln müssen die Konsequenzen vorher besprochen und dann von den Eltern festgelegt werden. Wer seine Hausaufgaben nicht macht, darf – wie vorher vereinbart – einen Abend lang nicht fernsehen oder sich an den Computer setzen. Das ist die Konsequenz. Sie ist zwar nicht immer angenehm für dich, aber du lernst daraus, was nicht in Ordnung ist und was dir oder anderen schadet.

Wenn dir das zu streng erscheint, kannst du mit deinen Eltern über die Regeln und die Konsequenzen diskutieren.

»Aber doch nicht von meinem Taschengeld«, protestiert Paul.

»So merkst du es dir endlich. Es ist ja nicht das erste Mal, dass du Blödsinn machst«, beharrt Frau Bauer.

»Genau«, stimmen Anna und Pia zu.

»Was ist denn mit dir los, Marc?«, fragt Frau Bauer. »Ach, ich verstehe, du bist bestimmt traurig, dass Paul nicht bei dir übernachten darf.« Frau Bauer zögert.

»Mhm. Richtig böse kann ich euch beiden ja nicht sein. Also gut, nachher packst du dein Zeug, Paul, und gehst mit zu Marc.«

Paul zeigt Marc triumphierend den aufgestellten Daumen. Marc macht es ihm nach.

»Das ist nun aber nicht fair«, beklagt sich Pia. »Bei Paul gibst du immer nach. Bei uns bist du so streng.«

»Er ist doch der Kleinste in unserer Familie«, wendet ihre Mutter ein.

»Aber der größte Mistmacher«, Anna bebt vor Aufregung. »Ich bin die Größte und muss immer alles machen.«

»Dafür darfst du abends manchmal länger aufbleiben.« Nun ist auch Pia verärgert. »Und was kriege ich Besonderes? Paul bekommt alles, weil er der Kleinste ist, und Anna kriegt alles, weil sie die Größte ist. Und für mich bleibt nichts übrig.«

»Du armes Dazwischenkind«, versucht Frau Bauer Pia zu trösten.

»Dazwischenkind? Was für ein blödes Wort.«

»Du bist eben zwischen Anna und Paul geboren. Ist das so schlimm?«

»Nein«, wirft Paul ein. »Viel schlimmer ist es, der Jüngste zu sein. Ich darf gar nichts. Und ihr beiden bestimmt immer.«

»Ich bin ja auch die Älteste«, gibt Anna zurück.

»Diese Probleme hast du alle nicht, Marc«, seufzt Paul theatralisch.»Dafür bist du oft allein.«

»Seht ihr, so hat jeder seine Vorteile, aber auch seine Nachteile, und muss damit zurechtkommen«, meint Frau Bauer. »Jeder von uns ist auf seine Art etwas ganz Besonderes und der oder die Wichtigste, egal ob ältestes, mittleres oder jüngstes Kind.«

**Bist du ein Sandwichkind oder ein Nesthäkchen?**

Wenn du Geschwister hast, bist du entweder der jüngere oder der ältere. Das hat Vor- und Nachteile: Als älteres Kind darfst du schon mehr Sachen machen, aber du musst auch mehr Pflichten übernehmen. Als jüngstes Kind bist du den größeren Geschwistern unterlegen und darfst noch nicht so viel machen. Aber dafür nehmen die Eltern auf dich mehr Rücksicht. Wenn du das mittlere von drei Kindern bist, dann bist du ein »Sandwichkind«. So, wie das Fleisch zwischen der oberen und der unteren Brötchenhälfte steckt, so stehst du zwischen deinem älteren und deinem jüngeren Geschwister. Ein Sandwichkind ist etwas Besonderes: Manchmal kannst du das ältere Kind, manchmal das jüngere Kind sein, ganz so, wie du es brauchst. Wenn du das jüngste Kind in der Familie bist, dann bist du das »Nesthäkchen«. Und die anderen finden dich besonders süß und beschützen dich gerne. Dafür bist du aber der oder die Jüngste.

»Und ich? Bin ich etwa nichts Besonderes?« Frau Bauer und die Kinder haben gar nicht gehört, wie Herr Bauer die Wohnung betreten hat.

»Doch, du bist auch etwas Besonderes, du kommst immer zu spät von der Arbeit«, sagt Frau Bauer.

»Jetzt schimpf doch nicht gleich wieder.« Herr Bauer runzelt die Stirn und stellt seine Aktentasche ab. »Wenn ich sehe, wie schön es bei euch ist, dann komme ich gerne nach Hause. Aber ich habe so viel Arbeit, dass ich es nicht immer schaffe.«

»Von wegen schön!«, ruft Anna und erzählt von den untergegangenen Schulranzen.

»Da habt ihr heute Mittag etwas Besonderes erlebt. Und ich Armer, mit meiner langweiligen Arbeit«, Herr Bauer zwinkert zu Paul hinüber.

**Wenn die Eltern viel arbeiten müssen**

Viele Eltern sind berufstätig und müssen viel arbeiten. Oft sind die Väter zu selten zu Hause. Das ist schade, denn Kinder brauchen ihre Eltern so oft und so viel wie möglich.

Wenn die Eltern da sind, ist es wichtig, dass ihr in eurer Familie viel zusammen unternehmt und erlebt. Dann kann eure Familie die gemeinsame Zeit nutzen. Und ihr könnt so viel wie möglich mit euren Eltern zusammen sein.

»Hier wird es dir nicht langweilig. Schon gar nicht, wenn du endlich den Dachboden für die Kinder ausbauen würdest. Das schiebst du nun schon seit Jahren auf. Jetzt muss es sein, länger können wir nicht warten«, ermahnt ihn seine Frau.

»Sonst streiken wir!«, rufen Anna und Pia wie aus einem Munde.

»Und ich streike mit!«, ergänzt Frau Bauer.

Es ist Samstagmorgen. Herr und Frau Bauer liegen noch müde im Bett. Alles ist ruhig. Plötzlich tönt es laut aus dem Kinderzimmer: »Wir streiken!« Und immer wieder im Sprechchor: »Wir streiken! Wir streiken! Wir streiken.«

Dann hört man lauten Gesang: »Für eig'ne Kinderzimmer! Für eig'ne Kinderzimmer! Für eig'ne Kinderzimmer!«

Herr Bauer springt aus dem Bett und schreit: »Ich arbeite jeden Tag und ihr streikt. Das darf doch nicht wahr sein.« Er rauscht wutentbrannt in den Flur. Über dem Kinderzimmer hängt ein Schild: »STREIK!« Die Zimmertür ist geöffnet. Aber die Türöffnung ist mit Klebestreifen abgesperrt. Herr Bauer sieht Anna und Pia im Kinderzimmer auf ihren Stühlen sitzen. Sie schauen ihn mit großen Augen an und sagen kein Wort. Stattdessen heben sie einen Karton hoch: »Wir streiken«.

Inzwischen ist auch Frau Bauer dazugekommen.

»Ihr streikt wohl für das Kinderzimmer!«, sagt sie.

Anna und Pia nicken heftig und drehen dann den Karton um: »Für Kinderzimmer«.

Frau Bauer lacht. Herr Bauer schaut sie betreten an.

»Ich sage doch: Die beiden haben recht. Ich glaube, ich trete auch in Streik.«

»Du hältst immer zu den Mädchen.«

»Und du immer zu Paul. Insgeheim findest du seine Streiche nämlich gut. Deshalb macht er immer mehr Blödsinn.«

**Wer hält zu wem?**

Wenn es Streit oder Diskussionen gibt, dann halten diejenigen zusammen, die einer Meinung sind. Manchmal halten auch eher die weiblichen oder die männlichen Familienmitglieder zusammen. Wenn man zueinander hält, bis der Streit beigelegt ist, dann ist das in Ordnung.

Nicht so gut ist es, wenn in einer Familie immer die Gleichen zusammenhalten. Dann bilden sich nämlich Parteien, die immer gegeneinander sind, und es geht ein Riss durch die Familie.

Deshalb ist es gut, wenn sich immer wieder abwechselt, wer zusammenhält. Die Eltern halten natürlich zusammen, weil sie Eltern sind und weil sie beim Erziehen einer Meinung sein sollten.

»Und du bevorzugst die Mädchen, sodass sie immer zu dir halten.«

Es klingelt. Herr Bauer geht an die Haustür. Frau Bauer sagt zu Anna und Pia: »Vielleicht versteht Papa endlich, wie ernst es uns Frauen mit den Kinderzimmern ist.«

Inzwischen hat Herr Bauer die Haustür geöffnet. Paul kommt hereingestürmt.

»Was ist denn bei uns los? Draußen am Haus hängt ein großes Betttuch. Darauf steht ›Streik‹.« Paul ist ganz aufgeregt. »Vor unserem Haus stehen schon Leute und reden und lachen.«

Herr Bauer verzieht ärgerlich das Gesicht. »Komm herein. Dann siehst du, was die Mädchen und deine Mama machen.«

Paul rennt zum Kinderzimmer und sieht die Absperrung mit Klebebändern. »Ich will da rein!« Anna und Pia sitzen schweigend auf ihren Stühlen und heben ein Plakat hoch: »Zimmerstreik«.

»Warum darf ich denn nicht rein?« Anna und Pia schütteln die Köpfe und drehen das Plakat um: »Für Jungs verboten«.

Paul ballt seine Hände zu Fäusten und will schreien. Doch dann laufen ihm Tränen über die Wangen. Er schluchzt und weint heftig.

»Da seht ihr, was ihr mit Paul angerichtet habt«, schimpft jetzt Herr Bauer.

»Paul ist aber auch selbst schuld. Er macht immer nur Blödsinn und ärgert die Mädchen«, fällt Frau Bauer ihrem Mann ins Wort.

»Das ist nun wirklich nicht wahr. Paul ist nicht das schwarze Schaf in unserer Familie!« Jetzt wird Herr Bauer laut.

»Ich bin kein Schaf«, wimmert Paul.

Frau Bauer lächelt: »Nein, du bist kein Schaf, und ein schwarzes sowieso nicht!« Sie beugt sich zu Paul vor und nimmt ihn in die Arme.

»Wir lieben dich doch alle, auch wenn wir manchmal wütend auf dich sind.«

Anna und Pia haben ihr Plakat aus den Händen gelegt.

**Ist einer immer schuld? Von Sündenböcken und schwarzen Schafen**

In manchen Familien wird immer wieder einem bestimmten Familienmitglied die Schuld zugeschoben. So macht man es zum Sündenbock. Für die anderen ist das einfach: Sie haben immer einen Schuldigen und müssen den Fehler nicht bei sich selbst suchen.

Wenn es in einer Familie Probleme gibt, dann ist es besser, wenn sich jeder an die eigene Nase fasst. Meistens sind alle ein wenig daran beteiligt. Und jeder Einzelne sollte überlegen, was er in Zukunft besser machen kann. So vermeidet man, dass einer in der Familie der Sündenbock oder das schwarze Schaf ist.

»Und wenn einer schuld ist«, mischt sich jetzt Herr Bauer ein, »dann bin ich das ... Der ganze Ärger ist doch nur deshalb entstanden, weil ich es so lange nicht geschafft habe, für jeden ein Kinderzimmer zu bauen. Deshalb gibt es bei euch so viel Zoff.«

Frau Bauer nickt.

»Sollen wir jetzt noch weiter streiken?«, fragt Pia ratlos.

»Ja!«, antwortet Anna entschieden. »Solange wir keine Unterschrift haben, geben wir nicht auf.«

»Nein, nein! Ich ergebe mich!«, wehrt Herr Bauer ab. »Wo ist denn euer Vertrag?«

Anna nimmt eine Papierrolle und steigt damit mühsam durch die Absperrung an der Kinderzimmertür. Alle gehen ins Wohnzimmer. Anna breitet die Papierrolle auf dem Tisch aus. Sie liest laut vor:

»Paragraf eins: Jedes Kind bekommt ein eigenes Kinderzimmer. Paragraf zwei: Die Kinderzimmer befinden sich im Dachgeschoss, siehe Zeichnung. Paragraf drei: Papa baut die Zimmer oder sorgt dafür, dass sie gebaut werden. Paragraf vier: Bis Weihnachten sind die Zimmer

fertig und die Kinder ziehen ein. Und hier darfst du unterschreiben, Papa.«

»Und was habt ihr hier gezeichnet?«

»Das ist ein Plan für die Kinderzimmer.«

»Aber da gibt es zwei große und ein kleines Zimmer, wenn ich recht sehe.«

»Wir dachten, dass Paul ein kleineres Zimmer bekommt.«

»Nein, das ist gemein. Ich will ein gleich großes wie ihr!«, schreit Paul dazwischen.

**Gerechtigkeit muss sein**

In einer Familie muss es gerecht zugehen. Jeder hat die gleichen Rechte. Die Eltern sorgen dafür, dass jeder zu seinem Recht kommt. Natürlich dürfen und bekommen die Älteren manchmal ein bisschen mehr, die Jüngeren entsprechend ihrem Alter ein bisschen weniger. Manchmal gelingt es den Eltern nicht, ganz gerecht zu sein. Dann müsst ihr euch melden, damit ihr nicht benachteiligt werdet.

Von der Liebe der Eltern aber bekommen alle Kinder gleich viel – nämlich unendlich viel. Denn die Liebe zu den Kindern ist das Wichtigste in der Familie und sie steht allen Kindern zu. Und es ist die Aufgabe der Eltern, diese Liebe ganz den Kindern zu geben – und die Kinder dürfen diese Liebe genießen.

»Da hat Paul schon recht. Es muss gerecht zugehen!«, schaltet sich Frau Bauer ein.

Anna überlegt: »Unser Plan ist nicht gerecht, das stimmt. Aber den können wir neu zeichnen, damit alle ein gleich großes Zimmer bekommen.«

»Aber ich will das Zimmer mit dem großen Fenster nach vorne raus.«

»Nein, Pia, wir haben ausgemacht, dass ich das Zimmer bekomme, schließlich bin ich die Ältere.«

»Und Paul habt ihr schon wieder vergessen!«, mahnt Frau Bauer.

»Wenn ihr euch nicht einigt, müssen wir auslosen. Das ist dann am gerechtesten«, gibt Herr Bauer zu bedenken.

»Vielleicht wartet ihr ab, bis wir beim Architekten waren. Ein großes Dachfenster ist auch nicht zu verachten und sehr gemütlich«, wirft Frau Bauer ein.

»Und jetzt soll Papa endlich unterschreiben«, drängelt Pia.

Herr Bauer seufzt und unterschreibt ganz langsam. Die Kinder stehen feierlich daneben und halten sich an den Händen. Rechts Anna, links Pia und Paul in ihrer Mitte. Herr Bauer setzt den letzten Haken hinter seine Unterschrift. Er schaut seine Kinder an und lächelt.

»Geschafft«, sagt er.

»Juhu«, schreien die Kinder und umarmen sich.

## WIE DU RICHTIG STREITEN KANNST!

Streiten kann jeder! Also ist es kinderleicht? Richtig und falsch. Streiten, bis es kracht oder Schläge gibt, das kann wirklich jeder.
Aber so zu streiten, dass es fair bleibt, dass niemand verliert, dass ihr für jeden das Richtige erreicht und ihr euch am Schluss noch vertragt – das ist wirklich sehr schwer.
Am schwierigsten ist es, gut mit den Geschwistern zu streiten. Weil man immer zusammen ist und weil man sich so gut kennt, geht es schnell hitzig zu.
Deshalb will ich dir hier einige Regeln für gutes Streiten vorschlagen:

- Überlege zuerst, was dich an deinem Bruder oder an deiner Schwester stört, ärgert oder nervt.
- Überlege, warum du wütend, ärgerlich, beleidigt oder sauer bist.
- Überlege, ob du neidisch oder eifersüchtig bist. Vielleicht fühlst du dich aber auch angegriffen, bedroht, ungerecht behandelt oder benachteiligt. Meistens fühlst du da ganz richtig.
- Sage dem anderen, wie es dir geht. Dann wird die Wut oder Enttäuschung wie von selbst weniger und dein Gefühl ist schon halb überwunden.
- Überlege jetzt, was du vom anderen erwartest. Er wird dir dann sagen, was er will. Das wird nicht zusammenpassen, sonst würdet ihr ja nicht streiten.

- Überlegt also nun zusammen, ob ihr euch irgendwo in der Mitte treffen könnt. Dazu muss jeder ein bisschen nachgeben. Wenn einer damit anfängt, kann der andere mitmachen. Manchmal wird nur einer nachgeben – aber dann ist es beim nächsten Streit hoffentlich umgekehrt.
- Dann sagt »So machen wir es!« oder »Abgemacht«. Wenn ihr wollt, könnt ihr euch die Hand geben.
- Natürlich muss man Streiten üben! Wenn es nicht gleich gelingt, sei dir und deinen Geschwistern nicht böse. Vielleicht kann euch eure Mama oder euer Papa beim Streiten helfen.

## SICH WIEDER VERSÖHNEN UND FRIEDEN SCHLIESSEN – WIE GEHT DAS?

Weil gut zu streiten so schwer ist, misslingt das manchmal. Dann liegt ihr Geschwister euch so richtig in den Haaren. Ihr schreit einander an und beleidigt euch gegenseitig. Manchmal – hoffentlich ganz, ganz selten – schlagt ihr euch oder tut euch sonst wie weh.
Aber irgendwie muss es weitergehen, schließlich lebt ihr in einer Familie.
Hier ein paar Tipps zum Frieden schließen:

- Wenn es Ärger oder Streit in der Familie gibt, ist es ganz normal, dass du sauer oder beleidigt bist, dass du trotzt und schmollst. Eine Weile tut das sogar richtig gut. Aber irgendwann nervt es dich selbst.

- Schalte deinen Kopf ein und komm raus aus der Schmollecke! Sage dir selbst: »Ich bin klug genug, nachzugeben und wieder neu anzufangen.«
- Schau, ob der andere auch bereit ist, aus der Schmollecke rauszukommen. Du kannst es mit einem vorsichtigen Blick oder einem kleinen Lächeln testen.
- Überlege, wie du auf den anderen wieder zugehen kannst. Sage zum Beispiel »Hallo« oder »Das war ein schlimmer Streit.«
- Wenn der andere darauf eingeht, kannst du weitermachen. Wenn nicht, musst du noch eine Weile warten und es später noch einmal versuchen.
- Entschuldige dich! Zum Beispiel »Das habe ich nicht so gemeint.« Oder »Ich wollte dir nicht wehtun!«
- Mache ein Friedensangebot! Zum Beispiel »Komm, lass uns wieder vertragen.«
- Wieder musst du schauen, ob der andere darauf eingeht und dir entgegenkommt. Wenn nicht, kannst du es später noch einmal probieren.
- Begrabt den Streit! Sage dem anderen, dass für dich der Streit vorbei ist. Zum Beispiel: »Vorbei und vergessen« oder »Es ist wieder gut zwischen uns.«
- Wenn ihr wollt, könnt ihr euch die Hand geben. Das ist ein Zeichen, dass es wieder gut zwischen euch ist.
- Am besten macht ihr gleich etwas zusammen. Nach dem Friedenschluss ist es mit dem anderen wieder besonders schön. Genießt das gemeinsam! Ihr habt es euch verdient!

# Wenn eine Familie auseinandergeht

## LARISSA UND LUKAS HALTEN ZUSAMMEN

Lukas sieht zwei ICEs aufeinander zurasen. Sie fahren ungeheuer schnell.

›Die rollen ja auf demselben Gleis‹, wundert sich Lukas und erschrickt. ›Hoffentlich bremsen die beiden Züge noch, sonst kracht es gleich fürchterlich.‹

Dann schreit Lukas laut auf.

Die Kinderzimmertür öffnet sich.

»Was ist los, Lukas?« Das ist die besorgte Stimme seiner Mutter. Lukas fährt hoch.

»Hast du etwas Schlimmes geträumt?« Frau Kehl tritt an sein Bett und setzt sich auf die Bettkante. Lukas reibt sich die Augen.

»Du bist ganz verschwitzt«, sagt seine Mutter und streicht ihm über die Stirn. »Versuche, weiter zu schlafen. Ich bleibe noch ein paar Minuten hier sitzen. Morgen reden wir darüber.«

Lukas nickt und dreht sich zur Seite. Nach ein paar Minuten hört Frau Kehl seine ruhigen Atemzüge. Sie streichelt ihm über den Kopf und geht hinaus.

Larissa, Lukas' Schwester, sitzt schon am Frühstückstisch. Sie hat lange dunkelbraune Haare, die sie gerne um ihren Zeigefinger dreht. Lukas setzt sich müde an den Tisch und stützt seinen Kopf in die Hände.

»Schlecht geschlafen?«, fragt Larissa. Lukas nickt nur und schaut seine Mutter an.

»Lukas ist heute Nacht aufgewacht und ich auch. Du hast ganz laut geschrien«, erklärt Frau Kehl. Sie gießt die Milch über Lukas' Müsli.

Draußen macht sich Herr Kehl für die Arbeit fertig. Dann schaut er kurz in die Küche.

»Tschüss«, sagt er kühl.

»Bist du heute Abend da?« Frau Kehl schaut ihren Mann nicht an.

»Ich, wieso ich?«

»Das war doch so abgemacht!«

»Von wegen. Ich bin nicht da.«

»Und wer bleibt bei den Kindern? Ich habe doch heute meinen Frauentreff.«

»Du mit deinem Frauentreff!« Herr Kehl ist gereizt.

»Es war vereinbart, dass du heute Abend da bist.«

»Ich bin aber nicht da«, erwidert Herr Kehl verärgert.

»So kann es einfach nicht weitergehen«, schreit Frau Kehl und wirft das Küchentuch ins Abwaschbecken.

**Wenn Eltern immer streiten**

Natürlich dürfen Eltern auch mal streiten. Auch sie haben verschiedene Meinungen, die sie diskutieren müssen. Doch manchmal kann das zu einem schlimmen Streit führen. Dann werden die Erwachsenen laut, sie schreien sich an und sind nachher beleidigt. Wenn das oft geschieht und der Streit sich vor den Kindern abspielt, ist das für die Kinder sehr schlimm. Am liebsten würden sie sich die Ohren zuhalten oder sich in Luft auflösen. Außerdem bekommen sie Angst. Sie befürchten, dass ihre Eltern sich nicht mehr mögen und sich dann trennen könnten. Deshalb wünschen sich alle Kinder, dass die Eltern aufhören zu streiten.

»Das sehe ich auch so.« Auch Herr Kehl ist laut geworden. Er dreht sich um, geht hinaus und schlägt die Haustür mit einem lauten Knall zu.

Lukas zuckt zusammen.

»Wie die zwei ICEs heute Nacht«, sagt er leise.

»Welche ICEs?«, fragt Larissa stirnrunzelnd.

»In meinem Traum heute Nacht sind zwei ICEs aufeinandergekracht. Das war sehr schlimm.«

»So wie Papa und Mama aufeinanderkrachen?«

Lukas nickt.

»Ja, es tut mir leid. Wir streiten gerade sehr oft. Papa

und ich haben es sehr schwer miteinander«, mischt sich Frau Kehl ein.

Larissa nickt und sagt: »Erst gestern Abend habt ihr gestritten. Ich habe es gehört und konnte nicht richtig einschlafen.«

»Und ich möchte, dass ihr euch vertragt«, stimmt Lukas zu.

Frau Kehl nickt. »Ihr müsst jetzt zur Schule.«

Die große Pause ist vorbei. Die Klasse von Larissa wartet auf die Klassenlehrerin.

»Kai und Vanessa sind verliebt«, ruft Moritz und grinst über das ganze Gesicht. Kai schaut sich verlegen um: »Stimmt überhaupt nicht!« »Blödsinn«, wehrt sich Vanessa.

Larissa hört ihnen zu und denkt an ihre Eltern: ›Die sollen sich wieder lieben.‹ Sie starrt zum Fenster hinaus, schluckt und spürt, wie Tränen in ihr aufsteigen.

»Was hast du?« Das ist die Stimme von Saskia, ihrer Banknachbarin.

»Ich glaube, sie lieben sich nicht mehr!«, flüstert Larissa.

»Wer denn?«

»Meine Eltern.«

»Streiten die sich andauernd?«

Larissa nickt.

»Das war bei mir auch so. Dann ist Mama mit mir ausgezogen.«

»Na, was habt ihr denn noch zu bereden?« Erst jetzt bemerkt Larissa ihre Lehrerin, Frau Norden.

»Ich möchte nach der Stunde mit dir sprechen. Geht das?« Larissa nickt.

»Was ist los mit dir, Larissa?« Frau Norden schaut sie fragend an. »Stimmt etwas bei euch zu Hause nicht?« Larissa zuckt mit den Schultern.

»Du kannst es mir gern sagen, dann verstehe ich auch besser, warum du im Unterricht oft nicht mehr richtig aufpasst. Wo bist du mit deinen Gedanken?«

**Oft werden dann die Noten schlecht**

Wenn sie miterleben, dass ihre Eltern ständig streiten oder an Trennung denken, haben Kinder große Angst. So geht es allen Kindern und das ist ganz normal.

Sie machen sich dann große Sorgen. Oft malen sie sich aus, wie das mit der Trennung sein könnte. Manchmal stellen sie sich auch vor, dass alles wieder gut wird. Da sie sich so viele Gedanken machen, sind die Kinder im Schulunterricht abgelenkt und können nicht mehr aufpassen. Sie beteiligen sich kaum mehr, vergessen die Hausaufgaben und können nicht mehr richtig lernen.

Deshalb ist es gut, wenn zuerst die Eltern und dann das Kind mit den Lehrern reden. So wissen die Lehrer Bescheid und können Rücksicht auf das Kind nehmen.

»Bei Papa und Mama, wenn sie streiten.«

Frau Norden sagt leise »Mhm. Das habe ich mir gedacht. Da geht es dir nicht gut, was?«

»Ja, ich habe Angst, dass meine Eltern sich trennen.«

»Ja, das wäre schlimm. Und weil dich das so beschäftigt, bist du mit deinen Gedanken nicht mehr richtig im Unterricht dabei.«

»Und bei den Klassenarbeiten auch nicht.« Larissa

streicht sich die Haare aus dem Gesicht und schaut Frau Norden in die Augen.

»Deine Noten sind tatsächlich schlechter geworden. Aber nun weiß ich ja auch warum und kann ein bisschen Rücksicht auf dich nehmen.«

Larissa wickelt ihre Haare um den Zeigefinger.

»Liebe Larissa, es ist schlimm, wenn sich Eltern trennen. Aber für dich selbst wird es bestimmt gut weitergehen. Du bist doch so ein tolles Mädchen, dass du das schon schaffen wirst. Und im Übrigen würden dich deine Eltern doch weiterhin lieben, auch wenn sie nicht mehr zusammen wären, oder nicht?«

»Ja«, antwortet Larissa. Sie streicht ihre Haare aus dem Gesicht und sieht erleichtert aus.

»Ist Lukas schon von der Schule zurück?«

»Nein, ich weiß nicht, wo er steckt.«

»Mama?« Larissa sieht ihre Mutter fragend an. Sie will etwas sagen, doch sie bekommt kein Wort heraus.

Ihre Mutter wendet sich ihr zu. »Ist es wegen Papa und mir?« Larissa nickt. »Ich glaube, du spürst, dass Papa und ich uns schon lange nicht mehr richtig lieben.« Wieder nickt Larissa.

»Wir haben uns früher sehr geliebt. Deshalb wollten wir auch Kinder. Aber dann ist es schwer geworden. Papa hat viel gearbeitet. Und ich musste mich um den kranken Opa kümmern. Irgendwie ist es kühl geworden zwischen uns.«

»Kühl?«

»Ein bisschen wie im Kühlschrank. Es ist nicht mehr schön kuschelig und warm zwischen Papa und mir. Papa ist gereizt und ich bin genervt. Und dann streiten wir gleich wieder.«

»Mama?«

»Du willst wissen, ob wir uns trennen?«

»Ja.«

»Ich weiß es nicht. Wir versuchen alles, damit wir zusammenbleiben können.« Larissa sieht ihre Mutter an.

Auch bei Lukas ist die Schule zu Ende. Der Schulranzen drückt auf seinem Rücken. Seit heute Morgen kommt er ihm schwerer vor als sonst. Lukas setzt sich auf sein Rad und fährt langsam los. Auf dem schmalen Weg, der steil nach unten führt, tritt er wie immer fest in die Pedale, um loszubrausen. Wieder drückt der schwere Ranzen.

›Ich habe doch nicht mehr drin als sonst‹, denkt er. Plötzlich liegt vor ihm quer über den Weg ein dicker Ast.

›Mist. Nicht aufgepasst!‹, durchzuckt es ihn. Er reißt den Lenker nach rechts. Doch es ist zu spät. Nun geht alles ganz schnell: Das Vorderrad prallt gegen den Ast. Der Lenker schlägt aus. Lukas kann ihn nicht mehr geradehalten. Das Fahrrad schlingert und gerät in Schieflage. Das linke Pedal streift den Boden. Lukas sieht das ganz langsam, wie in Zeitlupe.

›Jetzt stürze ich gleich kopfüber ins Gebüsch‹, denkt er. ›Das macht gar nichts. Dann sehen Papa und Mama, was sie davon haben, wenn sie immer streiten.‹ Lukas gibt dem Lenker einen Stoß, damit der Sturz noch heftiger wird. ›Vielleicht vertragen sie sich wieder, wenn ich verletzt im Krankenhaus liege‹, schießt es ihm durch den Kopf. Dann kracht es und alles wird dunkel.

Lukas schlägt langsam die Augen auf. Vor ihm stehen sein Vater und seine Mutter. ›Sie sind wieder zusammen‹, denkt er noch. Dann fallen ihm seine Augen schon wieder zu.

**Kinder wollen, dass die Eltern zusammenbleiben**

Für Kinder ist die Familie sehr wichtig. Sie soll ganz und heil bleiben. Deshalb wünschen sich eigentlich alle Kinder, etwas machen zu können, damit ihre Eltern zusammenbleiben.

Manche sind deswegen vielleicht besonders lieb, strengen sich in der Schule an und helfen überall mit. Andere Kinder meinen, wenn es ihnen schlecht geht oder wenn sie krank werden, dann blieben die Eltern zusammen. Sie bekommen dann oft Bauchweh oder Kopfschmerzen. Wieder andere Kinder machen große Probleme. Sie benehmen sich in der Schule schlecht oder klauen. Diese Kinder denken, dass sich die Eltern gemeinsam um sie kümmern müssen und sich deshalb nicht trennen können.

Doch so sehr sich Kinder auch anstrengen mögen – ihre Eltern werden sich trotzdem trennen. Sie lieben sich nicht mehr und daran können auch die Kinder nichts ändern. Das ist zwar traurig, aber es ist so. Und es ist besser, wenn Kinder einsehen, dass sich das nicht ändern lässt.

Wie aus weiter Ferne hört er seine Mutter.

»Gott sei Dank ist nichts Schlimmeres passiert, Lukas. Dein Arm ist gebrochen. Aber das wird wieder gut.«

»Wir sind so froh, dass alles noch mal gut gegangen ist«, ergänzt Herr Kehl und streicht Lukas über den Kopf.

Lukas denkt: ›Mit euch soll es auch wieder gut gehen.‹ Dann spürt er den Schmerz in seinem Arm, um den sich ein enger Gipsverband schließt.

Larissa sitzt vor ihrem Computer und versucht, sich auf das Spiel zu konzentrieren. Es ist schon spät. Die Eltern sind immer noch bei Lukas im Krankenhaus. Larissa fällt wieder ein, wie nachmittags das Telefon geklingelt hatte. Ihre Mutter war ganz bleich geworden. Später hat sie dann vom Krankenhaus mit dem Handy angerufen und ihr mitgeteilt, dass alles nicht so schlimm sei und Lukas sich nur einen Arm gebrochen habe.

Jetzt hört sie, wie sich die Wohnungstür öffnet. Sie will aufspringen, um ihre Eltern zu begrüßen. Doch sie stockt. Sie hört, wie ihre Eltern streiten. ›Schon wieder‹, denkt sie enttäuscht. Sie lauscht an der Tür, versteht aber nur einige Wortfetzen.

»Nicht einmal, wenn dein Sohn im Krankenhaus liegt, kannst du pünktlich sein.«

»Das hat doch damit nichts zu tun. Ich arbeite eben den ganzen Tag, im Unterschied zu dir.«

»Und wer hat sich immer um die Kinder gekümmert?«

»Wer hat das Geld nach Hause gebracht?« Dann ist eine Weile Ruhe.

»Und du hast nur die Kinder im Kopf.«

»Du denkst nur an deine Arbeit und ich bin mit den Kindern ständig allein.« Eine Tür wird laut zugeschlagen.

Larissa zuckt zusammen. ›Wenn Lukas und ich nicht da wären, hätten sie nicht ständig Grund zu streiten‹, überlegt sie.

**Kinder sind nicht schuld!**

Wenn die Eltern sich trennen, denken viele Kinder, sie seien schuld daran. Sie meinen, sie hätten nicht so viel streiten sollen oder den Eltern weniger Ärger machen dürfen. Aber das ist nicht der Grund. Eltern sind stark genug, um mit dem Streit der Kinder zurechtzukommen. Sie können damit umgehen, weil solche Streitigkeiten ganz normal sind. Wenn sich Eltern streiten, dann ist das ihre Sache. Damit haben Kinder nichts zu tun. Sie sind deshalb auch nicht daran schuld, wenn sich die Eltern trennen.

»Nein, niemand ist schuld. Wir passen nicht zusammen«, hört sie jetzt wieder ihren Vater. »Und es ist besser, wenn wir uns trennen.«

›Wenn Lukas doch hier wäre‹, denkt Larissa. Sie rollt sich auf ihrem Bett zusammen und zieht die Decke über ihren Kopf. Dann schläft sie ein.

Zwei Tage später sitzt Lukas wieder zu Hause am Mittagstisch. Von seinem Sturz zeugen noch ein großes Pflaster auf der Stirn und der gebrochene Arm.

Lukas stochert lustlos in seinem Teller herum. »Ich will, dass Papa und Mama zusammenbleiben.«

»Ich auch«, seufzt Larissa, »aber ich glaube, dass es nicht mehr klappt zwischen den beiden.«

Ihr Bruder schluckt schwer. »Es ist schlimm, dass Mama und Papa sich nicht mehr mögen.«

»Ja, aber wenn schon die Eltern nicht mehr zusammenbleiben wollen, dann müssen wir umso mehr zusammenhalten.« Lukas schaut auf und sieht seine Schwester verwundert an.

»Gib mir mal deinen Bleistift.«

»Aber keine Herzen draufmalen. Das ist peinlich.«

»Nein, keine Sorge.« Larissa schreibt ganz langsam ›Lukas‹ auf den weißen Gips. Dann macht sie ein ganz dickes Plus und dann schreibt sie ihren eigenen Namen. Sie malt das Plus noch dicker.

»Auch wenn sich unsere Eltern trennen, wir beide gehören zusammen.«

»Stimmt!«

»Kinder, wir müssen miteinander reden.« Ihre Eltern sind ins Wohnzimmer getreten und haben den letzten Teil von Lukas' und Larissas Gespräch gehört. Herr Kehl beginnt: »Wie ihr beide wisst, vertragen Mama und ich uns schon länger nicht mehr.«

**Warum sich Eltern trennen**

Es gibt viele Gründe, warum sich Eltern trennen. Meistens zerstreiten sich Eltern über schwierige Probleme wie zum Beispiel über das Geld oder über die Arbeit und die Hausarbeit. Beim Streiten verletzen sie sich gegenseitig so sehr, dass sie sich nicht mehr lieben können. Manchmal entdecken die Eltern, dass sie eigentlich nicht richtig zusammenpassen, obwohl sie einmal sehr verliebt ineinander waren. Manchmal verliebt sich der Vater oder die Mutter auch in einen anderen Partner und möchte zu ihm ziehen.

Alle Eltern strengen sich an, um sich wieder zu vertragen und zusammenzubleiben. Wenn sie aber merken, dass sie das nicht schaffen, dann will sich einer der beiden oder beide trennen.

»Wir möchten euch deutlich sagen, dass das nicht an euch Kindern liegt. Wir haben es nicht geschafft, vernünftig miteinander zu reden. Deshalb sind wir beide schuld daran, dass wir uns nicht mehr vertragen«, erklärt ihr Vater. »Wir haben uns auch oft über eure Erziehung gestritten, aber das hat nichts mit euch zu tun.«

»Und wir haben gemerkt, dass Papa und ich nicht mehr richtig zusammenpassen. Für mich sind die Familie und die Freunde wichtig und ich habe mich oft darüber geärgert, dass Papa so selten zu Hause war.«

»Und für mich war und ist die Arbeit wichtig. Ich will bei der Arbeit gut sein und dort etwas erreichen. Das habe ich vermutlich zu viel gemacht. Und es hat mich so angestrengt, dass ich zu Hause oft müde und genervt war. Das tut mir leid. Aber wir können es jetzt nicht mehr ändern.«

»Wir haben es wirklich versucht, aber wir haben uns immer häufiger gestritten.«

»Und deshalb ist es besser, wenn ich ausziehe und mich von Mama trenne. Natürlich nicht von euch, Lukas und Larissa.« Lukas laufen Tränen über die Wangen. Larissa kaut auf einer Haarsträhne.

»Ich bleibe natürlich euer Papa. Daran wird sich nichts ändern.«

»Und wann immer ihr wollt, könnt ihr Papa besuchen.«

»Wo wohnst du dann, Papi?«

»Ich weiß es noch nicht, aber ich finde bald eine Wohnung. Du brauchst dir keine Sorgen um mich zu machen.«

»Und Mama?«

»Auch um mich braucht ihr euch keine Sorgen zu

machen. Ich bin zwar sehr traurig, aber auch stark. Wir bleiben hier wohnen.«

Lukas steht langsam auf.

»Komm, lass dich in die Arme nehmen.« Herr Kehl will Lukas zu sich heranziehen. Lukas schüttelt den Kopf und reißt sich von seinem Vater los. Er rennt in sein Zimmer und wirft sich aufs Bett. Lukas zittert. Dann kommt das Schluchzen wie in großen Wellen über ihn.

»Weine nur. Du darfst weinen. Es ist schlimm, dass unsere Familie auseinanderbricht«, sagt Frau Kehl leise und setzt sich zu ihm ans Bett. »Komm, lass dich umarmen.« Lukas nickt.

›Das ist schön‹, denkt Lukas. ›Mama mag mich.‹ Er drängt sich an seine Mutter. »Und Papa bestimmt auch«, ergänzt er mit leiser Stimme.

»Was ist mit Papa?«

»Papa mag mich auch, obwohl er auszieht.«

»Ganz, ganz sicher, mein Schatz.« Frau Kehl drückt ihn noch fester. Lukas hört auf zu weinen.

Larissa sitzt auf ihrem Bett im Kinderzimmer. Sie hat den Kopfhörer auf und hört Musik.

›Tolle Band‹, denkt sie. ›Wenn ich die höre, ist alles nicht mehr so schlimm.‹ Der Rhythmus der Musik wird schneller. Erst wippt Larissa mit ihren Füßen dazu, dann stampft sie auf den Boden. ›Blöde Eltern. Warum müssen die sich auch trennen. Nein, davon lasse ich mich nicht unterkriegen.‹

**Die Eltern bleiben die Eltern der Kinder**

Auch wenn sich die Eltern trennen, sorgen beide weiterhin für die Kinder. Man sagt, dass beide Eltern das Sorgerecht haben. Die Eltern sprechen darüber, wie sie die Kinder erziehen wollen. Der Elternteil, der auszieht, ist für die Kinder genauso verantwortlich. Auch dieser Elternteil ist für die Kinder sehr wichtig. Sie können mit ihm telefonieren, ihn besuchen und mit ihm Ferien machen.

Es ist wichtig zu wissen, dass sich zwar die Eltern als Mann und Frau trennen, aber dass sie sich nicht von den Kindern trennen. Im Gegenteil: Sie bleiben der Vater und die Mutter der Kinder – egal, wer auszieht!

Sie tippt auf die Fernbedienung und stellt die Musik richtig laut.

Vorsichtig öffnet Herr Kehl die Tür zum Kinderzimmer. Er nickt Larissa zu und setzt sich auf ihren Schreibtischstuhl. Er macht gar nichts und sitzt einfach nur da. Die Musik in Larissas Kopfhörer ist so laut, dass er mithören kann. Larissa nimmt den Kopfhörer ab.

»Es ist gemein, dass ihr euch trennt!«

»Bist du wütend auf uns?«

»Und wie!«

»Ja, du darfst wütend sein auf uns. Wir bereiten euch Kindern mit unserer Trennung viele Probleme.«

»Genau.«

Larissa will den Kopfhörer wieder aufsetzen. Da treten ihre Mutter und Lukas ins Zimmer.

»Dürfen wir zu euch?«, fragt Frau Kehl.

»Von mir aus.« Larissas Stimme klingt wütend.

»Larissa ist sauer auf uns«, erklärt Herr Kehl. Frau Kehl nickt und setzt sich zu Larissa auf das Bett. Lukas geht zu seinem Vater.

»Und du, Lukas?«, fragt Herr Kehl. »Hast du geweint?«

Lukas nickt.

»Aber eines müsst ihr beide nun nicht mehr aushalten, nämlich unsere Streitereien.«

»Und ihr müsst euch keine Sorgen mehr machen, wie es bei uns weitergeht.«

»Jetzt ist es klar und das hat auch etwas Gutes.«

»Aber ihr seid getrennt und das finde ich einfach gemein!«, fährt Larissa dazwischen.

»Das stimmt, aber wir bleiben eure Eltern.«

»Und wir bleiben eine Familie«, behauptet Lukas mit fester Stimme.

»Ich weiß nicht, ob man das so sagen kann«, gibt Frau Kehl zu bedenken.

»Dann eben eine getrennte Familie.« Lukas lässt nicht locker.

»Eine Trennungsfamilie«, erklärt Herr Kehl.

»Also doch eine Familie!«

»Wie auch immer. Aber eines ist sicher: Wir Eltern erziehen euch zusammen.«

»Und wir beide halten auch zusammen.« Lukas blickt verschwörerisch zu seiner Schwester hinüber und klopft auf den Gips.

## WIE ES DIR BEI DER TRENNUNG DEINER ELTERN GEHT

Wenn sich deine Eltern streiten, wenn sie sich trennen wollen oder es dann tatsächlich tun, löst das bei dir viele verschiedene Gefühle aus. Diese Gefühle sind für dich sehr stark und verwirrend. Das ist ganz normal. So geht es allen Kindern. Deshalb sind alle deine Gefühle in Ordnung.

- Zuerst spürst du, dass bei deinen Eltern etwas nicht stimmt. Das macht dich unsicher. Und du verspürst Angst. Dir wird ganz eng ums Herz, oft hast du einen Kloß im Hals. Manchmal ist dir ganz komisch zumute. Manchmal kannst du nachts nicht mehr schlafen oder du wachst auf, weil du einen schlimmen Traum hattest.
- Du machst dir viele Gedanken und Sorgen. Immer wieder denkst du, dass etwas Schlimmes passiert, dass deine Eltern weggehen oder dass sie sich trennen. Du denkst, dass dann irgendwie alles aus ist.
- Du bist oft gereizt und genervt. Dir wird schnell alles zu viel, fast alles stört dich. Manchmal flippst du richtig aus.
- Du bist oft traurig. Manchmal möchtest du einfach nur weinen. Dann kannst du dich zurückziehen und die Tränen fließen lassen. Manchmal fühlt sich dein ganzer Körper schwer und müde an.
- Oft bist du richtig wütend und zornig. Du findest es

gemein und ungerecht, dass gerade deine Eltern sich trennen wollen. Du hast einen guten Grund, wütend zu sein.

- Du fühlst dich verantwortlich dafür, dass sich deine Eltern trennen. Oft fühlst du dich auch schuldig. Du denkst, dass du das hättest verhindern können.
- Dir tut deine Mutter oder dein Vater leid, weil du siehst, dass sie oder er sich nicht wehren kann oder schlecht behandelt wird.
- Du fühlst dich hin- und hergerissen. Einmal bist du mehr auf der Seite deiner Mutter, das andere Mal mehr auf der Seite deines Vaters.
- Du schämst dich und denkst, dass du das einzige Kind bist, dessen Eltern sich trennen.
- Du sehnst dich danach, dich zurückzuziehen. Oft wärest du am liebsten ganz allein.
- Wenn ein Elternteil auszieht, hast du das Gefühl, dass er dich nicht mehr mag, sonst würde er doch vielleicht dableiben.
- Am liebsten würdest du alles vergessen. Du hoffst, dass alles nur ein böser Traum ist, der gar nicht wahr ist.
- Du sehnst dich nach dem Elternteil, der ausgezogen ist und nicht mehr bei euch lebt.

Es ist völlig in Ordnung, wenn du diese Gefühle hast. Wenn du mit jemandem darüber sprichst, geht es dir bestimmt bald besser. Die Gefühle sind dann nicht mehr so heftig und irgendwann verschwinden sie auch. Bald kannst du dich wieder mehr freuen und fröhlich sein.

## WAS DIR BEI DER TRENNUNG DEINER ELTERN HILFT

Wenn sich Eltern trennen, ist das sehr schlimm. Und doch kannst du vieles tun, damit es dir bald wieder besser geht. Es wird eine Weile dauern, aber du kannst sicher sein, dass du die Trauer über die Trennung deiner Eltern überwindest. Dann wird es dir wieder gut gehen. Und du wirst sehen, dass du etwas Schweres gemeistert hast. Das macht dich richtig stark!

- Frage deine Eltern, was los ist. Hoffentlich schaffen sie es, dir zu sagen, ob sie sich trennen wollen. Es ist gut zu wissen, woran du bist. Dann brauchst du dir keine unnötigen Gedanken zu machen.
- Sage deinen Eltern offen, was du von ihnen erwartest. Du darfst deinen Eltern auch sagen, dass sie zusammenbleiben sollen. Sie werden das verstehen, auch wenn sie sich möglicherweise anders entscheiden werden.
- Versuche nicht, deine Eltern zusammenzuhalten und die Trennung zu verhindern. Das kostet dich viel Kraft und wird doch nicht gelingen. Deine Eltern werden das ganz für sich allein entscheiden müssen.

- Zeige deinem Vater und deiner Mutter, dass du jeden Einzelnen gern hast.
- Wenn du weinen willst, dann weine! Wenn du wütend sein willst, dann sei wütend! Es tut gut, solche Gefühle offen zu zeigen.
- Male die Gefühle auf, die du bei der Trennung deiner Familie empfindest. Das kann ein ganz wildes oder chaotisches Bild werden, ganz so, wie du in deinem Inneren empfindest.
- Rede mit jemandem darüber, wie es dir geht. Du brauchst davor keine Angst zu haben. Alle wissen, wie schwer die Trennung deiner Eltern für dich ist. Reden tut gut!
- Lass dich von anderen trösten. Manchmal wird dir jemand etwas Liebes sagen, manchmal wird dich jemand in den Arm nehmen. Auch deine Lieblingsmusik oder ein tolles Buch können Trost spenden.
- Mach dir klar, dass es deine Eltern sind, die die Trennung wollten. Du bist daran nicht schuld!
- Du brauchst dich nicht zu schämen, dass deine Eltern nicht mehr zusammen sind. Mach dir klar, dass es vielen Kindern so geht und du nicht damit allein bist.
- Lass den Kopf nicht hängen und sprich dir selbst Mut zu. Sage dir, dass es für dich gut weitergehen wird. Du wirst die schwierige Situation gut bewältigen.
- Kümmere dich wieder mehr um deine eigenen Interessen! Deine Freunde, deine Schule, deine Hobbys und besondere Unternehmungen sind wichtig.

# Die Eltern bleiben Mutter und Vater

## LUKAS UND LARISSA PLANEN EIN DOPPEL-ELTERNHAUS

»Morgen ist euer erster Besuch bei Papa. Er wird euch um siebzehn Uhr abholen«, erinnert Frau Kehl, Larissas und Lukas' Mutter, ihre Kinder.

Lukas nickt und schluckt.

Larissa denkt an den Tag, als ihr Vater ausgezogen ist. Sie war von der Schule zurückgekommen. Vor dem Haus hatte ein Kleintransporter gestanden.

»Ist jetzt alles eingeladen?«, hatte ihr Vater aus dem Wagen herausgerufen.

Vaters Freund hatte geantwortet: »Ja, alles in Ordnung.«

›Von wegen alles in Ordnung‹, hatte Larissa gedacht und war an der Wegbiegung stehen geblieben.

**Wenn ein Elternteil auszieht**

Wenn der Vater oder die Mutter aus der bisherigen Familienwohnung auszieht, ist das schlimm. Der wegziehende Elternteil nimmt alle seine Sachen mit. Die Kinder vermissen den Elternteil, der nicht mehr da wohnt. Deshalb ist es in Ordnung, traurig zu sein. Genauso vermisst aber auch der Elternteil, der auszieht, seine Kinder. Er sehnt sich nach ihnen. Denn er liebt seine Kinder weiterhin, obwohl er auszieht.

Dann war ihr Vater in den Kleintransporter eingestiegen und weggefahren.

Zögernd war Larissa zum Haus weitergegangen.

Sie hatte einen Blick in das Arbeitszimmer geworfen: Es war ganz leer. Nur auf dem Boden lagen einige Schnipsel Papier. An den Wänden sah man an den grauen Rändern, wo bis vor Kurzem noch die Bilder gehangen hatten.

Sie hatte leise »Papa« gerufen. Ihre Stimme hatte in dem leeren Raum gehallt.

Es ist Freitag. Der kleine Zeiger der Küchenuhr zeigt auf die Fünf, der große Zeiger steht kurz vor der Zwölf.

»Habt ihr alles gepackt?«, fragt Frau Kehl.

»Ich glaube schon«, antwortet Larissa und beißt sich auf die Lippen.

Ihre Mutter fährt fort: »Ich habe mit Papa besprochen, dass ihr nicht nur schöne Sachen unternehmt, sondern auch eure Hausaufgaben macht. Und du, Lukas, wirst mit Papa Lesen üben.«

**Wie die Besuche geregelt sind**

Wenn Eltern sich trennen, legen sie fest, wo die Kinder leben. Das ist meist bei der Mutter. Den Vater dürfen die Kinder regelmäßig besuchen. Dafür werden bestimmte Zeiten festgelegt. Das nennt man die Besuchsregelung. Meistens findet der Besuch an jedem zweiten Wochenende statt. Auch an manchen Feiertagen und in einem Teil der Ferien besuchen die Kinder den anderen Elternteil.

Manche Kinder leben eine Woche bei der Mutter und in der darauffolgenden Woche beim Vater. Sie haben deshalb zwei Kinderzimmer, in denen sie zu Hause sind.

»Aber Papa hat versprochen, dass er mit uns auch etwas Besonderes macht.«

»Natürlich wird er das machen, aber darüber dürfen die alltäglichen Dinge nicht zu kurz kommen. Ich hoffe, dass ihr auch etwas zusammen kocht, den Tisch deckt und die Spülmaschine einräumt. Ganz normale Dinge also, wie hier bei uns auch.«

Es klingelt.

»Das ist Papa«, sagt Lukas und geht zu seiner Mutter. »Mama, ich habe dich lieb.«

»Das ist schön, dass du das sagst. Ich habe dich auch sehr lieb, mein Schatz. Aber du brauchst kein schlechtes Gewissen zu haben, dass du jetzt bei Papa zu Besuch bist.« Frau Kehl drückt Lukas an sich.

»Es ist wichtig, dass ihr zu Papa geht.« Sie gibt Lukas einen Kuss und umarmt ihn.

»Kommt herein. Das ist meine neue Wohnung und ich freue mich richtig, dass ihr jetzt da seid.«

»Wo schlafen wir denn?«, fragt Lukas und sieht sich neugierig um.

»In dem Zimmer dahinten rechts. Aber außer zwei Betten habe ich noch nichts gekauft. Wir gehen morgen ins Möbelhaus und suchen noch ein paar Möbel für euch aus.«

»Und was du für einen großen Fernseher hast!«

»Klar, der gefällt dir, was?« Sein Vater grinst. »Ihr dürft natürlich auch mal fernsehen. Aber nicht zu viel, sonst schimpft Mama.« Dann dreht er sich suchend um: »Wo ist eigentlich Larissa?«

Larissa steht im Wohnungsflur. Sie hat ihre Jacke anbehalten und trägt noch den Rucksack auf dem Rücken.

»Was ist los?«, fragt Herr Kehl sie. »Du sagst gar nichts. Freust du dich denn nicht, hier zu sein?«

»Schon, aber …» Larissa stockt.

»Ja, es ist schon ein bisschen komisch für uns alle und ein wenig fremd ist es auch für euch.«

Larissa schweigt und kaut auf einer Haarsträhne.

»Das wird schon werden. Am wichtigsten ist doch, dass wir zusammen sind.«

Larissa lässt den Rucksack vom Rücken gleiten. Langsam zieht sie ihre Jacke aus.

»Kommt, ich habe das Abendessen vorbereitet.« Ihr Vater führt sie in die Küche. Auf dem Herd steht ein Topf mit Tomatensoße.

»Hast du das gekocht?« Larissa sieht ihren Vater verwundert an.

»Da staunst du. Ich weiß, zu Hause habe ich nie gekocht. Ich mache nur noch die Spaghetti in der Mikrowelle warm, dann können wir essen.«

»Und in der Küche hast du auch nicht mitgeholfen«, ergänzt Lukas.

»Ja, ich habe viele Fehler gemacht. Und eure Mutter hatte es wirklich oft nicht leicht mit mir. Aber jetzt sind wir getrennt – leider. Und damit müssen wir alle zurechtkommen.«

Lukas lädt sich seinen Teller richtig voll und beginnt zu essen. Anerkennend nickt er seinem Vater zu. Larissa nimmt sich nur ein paar Spaghetti und keine Tomatensoße. Sie stochert mit der Gabel im Essen herum.

»Kannst du nicht einschlafen?«

»Nein, das Bettzeug riecht so neu und kratzt«, antwortet Larissa in die Dunkelheit hinein.

»Ich finde es aufregend, bei Papa zu übernachten.«

»Mhm.« Larissa dreht sich zur Wand hin.

»Du wärst jetzt lieber bei Mama?«

»Mhm«, stimmt Larissa leise zu.

»Ich habe eine Idee«, sagt Lukas und fährt aus dem Bett hoch. Larissa knurrt.

»Wir bauen ein Doppelelternhaus.«

»Was ist denn das? Ein Doppelelternhaus?«

»Ganz einfach: ein großes Haus, das in der Mitte eine Wand hat. Auf der einen Seite wohnt Papa, auf der anderen Seite Mama. Und dann gibt es Türen. Durch die können wir mal zu Papa, mal zu Mama gehen.«

»Und vielleicht gibt es ein großes Wohnzimmer, in dem wir uns alle gemeinsam treffen können«, ergänzt Larissa.

»Das ist eine tolle Idee. Und das ist dann unser Doppelelternhaus«, sagt Lukas zufrieden, gähnt und rollt sich zur Seite.

Am nächsten Morgen ziehen sich Lukas und Larissa schnell an. Ihr Vater hat schon den Frühstückstisch gedeckt.

»Du hast ja meine Lieblingsbrötchen eingekauft?«, wundert sich Larissa.

»Und mein Müsli ist auch da!«

»Ihr wisst doch, dass ich euch liebe und euch gern auch mal verwöhne.« Herr Kehl lächelt und schiebt die Milchtüte zu Lukas hinüber. Larissa nimmt sich ein Brötchen, bestreicht es mit Honig und beißt hinein.

»Es freut mich, dass es dir schmeckt und dass es dir bei mir schon ein bisschen besser gefällt«, sagt ihr Vater. »Aller Anfang ist schwer. Aber glaub mir, wir alle werden uns an die neue Situation gewöhnen und dann wird es ganz einfach.«

»Und schön«, ergänzt Lukas. Er löffelt sein Müsli in sich hinein und schnurrt dabei wie ein kleiner Kater.

»Uff, sind die schwer«, stöhnt Lukas. Gemeinsam mit Larissa schleppt er das Möbelpaket in die Wohnung. Auch Herr Kehl trägt einen großen Karton.

»Das müssen wir ja auch noch alles zusammenbauen«, schnauft er.

»Nein, das wird zu viel für heute«, wehrt Larissa ab. »Wir könnten die Möbel doch beim nächsten Besuch zusammenbauen. Dann haben wir schon etwas vor.«

»Ja, und ich will fernsehen und nachher gehen wir noch zu Burger King.«

Herr Kehl schüttelt den Kopf.

»Eigentlich müsste ich Nein sagen, aber ich will ja nicht so sein.«

»Also, ich schalte den Fernseher ein.« Lukas steht schon vor dem Gerät.

Herr Kehl seufzt.

»Wenn Mama das wüsste, dann würde sie schimpfen.«

»Wir müssen es ihr ja nicht sagen«, murmelt Lukas.

›Die Kinder haben es mit der Trennung schwer genug, warum soll ich ihnen alles verbieten‹, überlegt Herr Kehl. Er nimmt sich seine Zeitung, während die Kinder fernsehen.

**Wenn Kinder zu sehr verwöhnt werden**

Wenn Eltern nachgiebig oder müde sind oder wenn sie ein schlechtes Gewissen wegen der Trennung haben, dann verwöhnen sie ihre Kinder. Sie erlauben ihnen alles, sie beschenken sie ständig und fordern ihrerseits von ihren Kindern nichts ein. Kindern gefällt das, weil alle ihre Wünsche erfüllt werden und sie es einfach und bequem haben.
Aber wirklich gut ist das für die Kinder nicht. Sie müssen nichts selbst machen und sich nicht anstrengen. Auf Dauer werden sie träge und gelangweilt. Sie erleben nicht, dass es sehr befriedigend ist, selbst etwas zu erreichen und damit Erfolg zu haben. Sie erfahren auch nicht, wie schön es sein kann, auf etwas zu verzichten, um es dann später mit umso größerer Freude geschenkt zu bekommen.

Wieder zeigt der kleine Zeiger der Uhr auf die Fünf, der große Zeiger steht kurz vor der Zwölf. Es ist Sonntag.

»Kinder, macht euch fertig. In einer Stunde müsst ihr wieder bei Mama sein.«

Herr Kehl kommt ins Kinderzimmer. »Es sieht schon richtig gemütlich bei euch aus. Ein Bild hast du ja schon aufgehängt und das andere kannst du bei deinem nächsten Besuch fertig malen.«

Larissa fängt an, ihre Sachen zusammenzupacken.

»Heute war doch ein schöner Tag«, stellt Herr Kehl zufrieden fest.

»Ja, richtig schön«, sagt Larissa.

»Gestern aber auch«, widerspricht Lukas.

»Nein, da haben wir zu viel gemacht, vor allem zu viel ferngesehen«, wendet Larissa ein.

»Aber Mama erzählen wir das nicht«, sagt Lukas und legt seinen Zeigefinger auf den Mund.

»Doch, ihr dürft Mama alles erzählen, auch das mit dem Fernsehen. Es ist nicht gut, wenn wir Geheimnisse voreinander haben. Ich werde Mama sagen, dass ich da zu nachgiebig gewesen bin.

**Schlechte Geheimnisse bedrücken Kinder**

Wenn Kinder ein Geschenk für die Eltern gekauft oder gebastelt haben und das nicht verraten, ist das ein gutes Geheimnis. Man ist aufgeregt und fühlt sich wohl dabei. Wenn Kinder aber etwas wissen, was nicht in Ordnung oder verboten ist, ist das ein schlechtes Geheimnis. Man fühlt sich unwohl und schlecht dabei. Am liebsten würde man es jemand anderem anvertrauen.

Wenn die Eltern getrennt sind, möchte manchmal ein Elternteil nicht, dass die Kinder dem anderen Elternteil etwas Schwieriges oder Peinliches erzählen. Auch das ist ein schlechtes Geheimnis. Besser ist es, wenn die Kinder ihrem Vater und ihrer Mutter alles erzählen dürfen.

Die Rucksäcke sind gepackt.

Larissa ist schon draußen.

Herr Kehl ruft aus dem Flur: »Larissa, du hast deinen Schlafanzug liegengelassen.«

»Ich glaube, den lasse ich bis zum nächsten Mal da.« Sie grinst ihren Vater an. Er lächelt zurück.

»Wie war es denn bei Papa?« Frau Kehl empfängt Larissa und Lukas an der Haustür.

»Zuerst war es ein bisschen komisch, aber dann war es doch noch ganz schön«, sagt Larissa und drückt sich an ihrer Mutter vorbei in die Wohnung.

Lukas dreht sich um und winkt seinem Vater zu, dann erzählt er begeistert: »Wir haben neue Möbel für unser Kinderzimmer bekommen und wir waren bei Burger King.«

»Da habt ihr es ja richtig schön gehabt mit Papa.«

»Ja, es war toll.«

»Und habt ihr auch ferngesehen?«

»Nur ein bisschen.«

»Wirklich?«

»Ganz ehrlich!«

»Na ja, ich will nicht genauer nachfragen. Aber hier haben wir unsere Regeln und die gelten jetzt wieder. Verstanden, mein Sohn?! Schließlich bin ich nun die ganze Woche allein für euch verantwortlich, mit der Schule, mit der Erziehung und dem Haushalt. Euer Vater hat es da einfacher.«

Lukas hört schon nicht mehr richtig zu und geht in sein Kinderzimmer.

›Was ist bloß mit Larissa los?‹, denkt Frau Kehl. ›Sie sieht so bedrückt aus.‹

Frau Kehl geht zu Larissa.

»War es nicht schön bei Papa?«

»Doch schon, aber …« Larissa stockt. »Ich habe immer wieder an dich gedacht, dass du so allein zu Hause bist und dich bestimmt einsam fühlst.«

**Was ist alleinerziehend?**

Man nennt den Elternteil, bei dem die Kinder nach einer Trennung leben, alleinerziehend. Er ist mit den Kindern meist allein und erzieht sie in dieser Zeit. Die Hausaufgaben müssen gemacht, die Wäsche gewaschen und jeden Tag muss gekocht werden. Und wenn die Kinder krank sind, müssen sie versorgt werden. Alle diese Aufgaben übernimmt der alleinerziehende Elternteil.

Trotzdem ist der Begriff aber nicht ganz richtig: Auch der Elternteil, zu dem die Kinder auf Besuch gehen, erzieht die Kinder. Und er tut das nicht nur, wenn sie ihn besuchen, sondern er überlegt auch mit dem anderen Elternteil, was für die Kinder am besten ist. Oft geht er auch zu den Elternabenden oder kommt zu einer Schulvorführung seiner Kinder.

»Da brauchst du dir nun wirklich keine Sorgen zu machen. Ich habe auch schöne Dinge unternommen. Gestern habe ich mich mit meiner alten Schulfreundin in der Stadt getroffen.« Über Larissas Gesicht huscht ein Lächeln.

»Nein, Larissa, mir geht es inzwischen ganz gut. Manches ist ohne Papa sogar einfacher. Und es gibt nicht mehr die vielen Streitigkeiten.«

»Das stimmt. Da geht es mir auch besser.«

»Ich finde sowieso, dass du viel selbstbewusster geworden bist. Mir gefällt auch, wie du in der Schule deine Sachen ganz selbstständig erledigst.«

Larissa grinst.

»Trotz unserer Trennung bist du die Larissa geblieben, die du immer warst. Und das ist gut.«

**Wenn Eltern loben, tut das gut**

Jedes Kind strengt sich an, Dinge gut zu machen. Und das meiste gelingt dann auch. Wenn sie die Hausaufgaben machen, etwas malen oder basteln oder im Haushalt mithelfen: Egal, was es ist – ob es etwas ganz Tolles oder nur etwas Kleines ist –, für Kinder ist es schön, wenn das von den Eltern gesehen und gelobt wird. Lob macht Kinder stark und selbstbewusst. Wenn Eltern sich trennen, brauchen die Kinder noch mehr Lob als sonst.

Ein halbes Jahr später sitzen Larissa und Lukas auf dem Fußboden in Lukas' Zimmer. Vor ihnen liegt ein großes Stück Papier. Daneben liegen viele Bunt- und Wachsmalstifte verstreut. Lukas malt die eine Hälfte, Larissa die andere Hälfte eines großen Hauses.

Frau Kehl klopft an die Tür und öffnet sie einen Spalt. Lukas springt auf: »Nicht hereinkommen!«

»Ja, ich weiß schon, ihr arbeitet an eurem großen Plan. Aber wir müssen mit euch reden. Papa kommt nachher vorbei.«

Lukas schließt die Tür.

»Komisch, was wollen die mit uns reden? Vielleicht zieht Papa wieder ein.« Die Stimme von Lukas klingt hoffnungsvoll.

»Das glaube ich eigentlich nicht, dass Papa wieder einzieht.«

Es klingelt. Larissa und Lukas treten langsam aus dem Kinderzimmer und begrüßen ihren Vater. Dann setzen sich alle um den Esstisch. Einen Augenblick lang ist es still.

Ihr Vater räuspert sich. »Ja, liebe Kinder. Mama und ich hatten immer noch gehofft, dass wir wieder zusammen kommen. Ihr wahrscheinlich auch. Aber Mama und ich haben gemerkt, dass das nicht mehr geht.«

»Wir passen einfach nicht mehr zusammen.«

»Und deshalb haben wir uns entschlossen, getrennt zu bleiben.«

**Was bei einer Scheidung geschieht**

Wenn Eltern sich trennen oder ein Elternteil auszieht, sind sie als Ehepartner immer noch verheiratet. Ein Richter muss die Eltern nun »richtig« trennen. Das ist die Scheidung. Dabei entscheidet der Richter auch, wie der gemeinsame Besitz aufgeteilt wird und wie viel Geld jeder Elternteil bekommt. Man braucht einen Richter, weil viele Eltern sich nicht gut und fair trennen können.

Manchmal können sich die Eltern auch nicht darauf einigen, bei wem die Kinder leben sollen oder wie oft die Besuche der Kinder stattfinden sollen. Dann muss der Richter auch diese schwierigen Fragen entscheiden.

»Und so werden wir nun die Scheidung einreichen.«

»Scheidung?« Die Stimme von Lukas ist ganz dünn.

»Ja, leider, aber ihr wisst ja, dass wir eure Eltern bleiben und euch beide lieben.«

Plötzlich springt Lukas auf und rennt in sein Zimmer. Dann hört man das Reißen von Papier.

»Was machst du denn?«, schreit Larissa und läuft ihm hinterher.

»Das brauchen wir nicht mehr«, kreischt Lukas. Vor ihm liegt das große Bild des Elterndoppelhauses. Genau in der Mitte des Hauses ist es zerrissen.

»Was habt ihr denn da Tolles gemalt?« Herr Kehl steht an der Tür und schaut neugierig auf den Boden.

»Unser Doppelelternhaus«, erklärt Larissa. »Wir wollten ein gemeinsames Haus für unsere getrennte Familie.«

»Schade, dass wir euch jetzt enttäuscht haben mit unserer Scheidung.« Frau Kehl legt ihren Arm um ihre Tochter.

»Ja, schade.« Herr Kehl kniet neben Lukas nieder und sieht sich das Bild genauer an.

»Ihr könntet das Bild doch wieder zusammenkleben«, schlägt Herr Kehl vor.

»Aber ein Riss bleibt«, überlegt Larissa laut.

»Ja, das stimmt. Auch wenn wir Eltern zusammenhalten und euch lieben, ein Riss bleibt.«

»Und deshalb kleben wir das Bild nicht wieder zusammen«, sagt Lukas wütend.

## WAS DIR HILFT, UM MIT DER TRENNUNG DEINER ELTERN ZURECHTZUKOMMEN

- Mach dir klar, dass deine Eltern tatsächlich getrennt sind. Das wird sich nicht mehr ändern.
- Stelle dich darauf ein, dass du jetzt zwei getrennte Eltern hast und damit auch zwei Kinderzimmer und zwei Betten zum Übernachten.
- Darüber darfst du noch eine Weile traurig sein. Aber dir darf es dann bald auch wieder so richtig gut gehen.
- Sage dir und deinen Eltern, dass du sie beide liebst und dass du beide regelmäßig sehen möchtest.
- Sage deinen Eltern, dass du keine schlechten Geheimnisse haben willst.
- Sage deinen Eltern, dass sie ihre Probleme ohne dich klären sollen. Schließlich sind sie die Erwachsenen und nicht du!
- Schau dich um: Auch viele andere Kinder haben getrennte Eltern. Wenn du magst, kannst du mit ihnen reden, wie es dir und ihnen mit der Trennung der Eltern ergangen ist.
- Trotz der Trennung bist du das Kind, das du schon immer warst. Du musst nicht besonders »brav« sein, du brauchst aber auch nicht besonders aufzufallen, indem du irgendeinen Quatsch machst. Schließlich bist du selbst ein ganz besonderer Mensch, den deine Eltern lieb haben, auch wenn sie getrennt sind.

## WIE ES DIR BEI DEN BESUCHEN GUT GEHEN KANN

- Überlege schon vorher, was du bei dem nächsten Besuch gerne mit deinem Papa oder deiner Mama machen willst.
- Sage es schon vor deinem Besuch, am besten am Telefon.
- Nimm ein paar Dinge mit, die dir wichtig sind. Zum Beispiel das Buch, das du gerade liest. Oder dein Handy, um mit deinen Freunden zu telefonieren.
- Sage deinen Eltern, dass du ein eigenes Zimmer brauchst. Richte es so ein, dass du dich darin wohlfühlst.
- Erzähle ein bisschen von dem, was du in der Zeit seit dem letzten Besuch erlebt und gemacht hast.
- Wenn du bei dem Besuch auch ganz normale Dinge machst, wie lernen, aufräumen, spielen oder musizieren, dann fühlst du dich nicht mehr nur zu Besuch.
- Wenn du wieder nach Hause kommst, kannst du erzählen, was du alles erlebt hast.
- Nimm dir Zeit, dich wieder zu Hause einzugewöhnen. Tue etwas, was dir Spaß macht, oder rufe eine Freundin oder einen Freund an.
- Mache dir klar, dass du das Besuchen üben musst – und natürlich auch deine getrennten Eltern. Mit der Zeit wird es euch immer leichter fallen und bald wird es bestimmt ganz schön sein.

# Wie eine neue Familie entsteht

## FÄLLT BEI LUKAS UND LARISSA WEIHNACHTEN AUS?

Mehr als ein Jahr ist es nun her, seit der Vater von Lukas und Larissa ausgezogen ist. Auch Larissa geht ihn inzwischen gern besuchen. Alles ist ganz normal geworden. Lukas und Larissa sind nicht mehr traurig. Sie wissen, dass ihr Vater und ihre Mutter sie lieben.

Larissa und Lukas sitzen zusammen vor dem Fernseher. Ihre Mutter, Frau Kehl, ist noch ausgegangen. Irgendetwas von einem Treffen hat sie beim Weggehen gemurmelt und gemeint: »Ihr seid ja groß genug, heute Abend allein zu bleiben.«

»Eigentlich ist es ganz gut so mit Papa und Mama«, überlegt Larissa. »Mir kommt es so vor, als wäre das schon immer so gewesen, dass wir eine Familie mit zwei Wohnungen sind.«

Nach einer Weile sagt sie: »Mama hat sich heute Abend so schön angezogen und geschminkt. Wo ist sie eigentlich hingegangen?«

Lukas horcht auf. »Das ist mir gar nicht aufgefallen.«

»Euch Jungs fällt so etwas nie auf.«

»Aber mir ist aufgefallen, dass Mama ganz fröhlich und lustig war.«

»Stimmt. Vielleicht ist sie verliebt?«

»Verliebt?« Lukas verdreht die Augen.

»Bestimmt hat sie einen Mann kennengelernt.«

»Puh«, stöhnt Lukas, »das fände ich aber doof.«

»Vielleicht zieht dieser Mann dann zu uns?«, spinnt Larissa den Gedanken weiter.

»Nein, das will ich nicht.«

»Aber wenn Mama sich verliebt hat, kannst du nichts dagegen machen. Außerdem ist es doch schön, wenn Mama wieder einen Partner findet, dann ist sie nicht mehr so allein.«

Larissa wacht auf. Sie schaut auf ihren Wecker. Es ist schon nach Mitternacht. Irgendetwas ist anders. Larissa lauscht angestrengt und setzt sich dann in ihrem Bett auf. Sie hört draußen Stimmen: die Stimme ihrer Mutter und eine männliche Stimme.

**Wenn ein neuer Partner auftaucht**

Nach der Trennung findet der Vater oder die Mutter oft einen neuen Partner. Das ist gut so, denn auf Dauer möchten auch die Eltern nicht allein bleiben. Für die Kinder ist das oft schwierig. Manchmal sind sie eifersüchtig, weil sie die Mutter und den Vater weiterhin ganz für sich allein haben wollen. Oft können sie deshalb den neuen Partner oder die neue Partnerin nicht leiden. Manche Kinder versuchen dann, den neuen Partner zu vergraulen. Kinder brauchen Zeit, um sich an den neuen Partner zu gewöhnen und ihn zu mögen.

›Papa wird es nicht sein‹, überlegt Larissa. Sie schiebt die Bettdecke beiseite und steht vorsichtig auf. Dann schleicht sie sich an die Kinderzimmertür und öffnet sie behutsam. Ein schwacher Lichtstrahl fällt in ihr Zimmer. Sie hört das Klingen von Gläsern. Larissa schaut um die Ecke ins Wohnzimmer.

Dort stehen ihre Mutter und ein Mann. Beide haben ein Sektglas in der Hand.

»Auf unsere Liebe«, sagt der Mann und erhebt sein Glas. Larissas Mutter hebt ebenfalls ihr Sektglas und antwortet: »Auf unsere gemeinsame Zukunft.«

›Also doch‹, durchfährt es Larissa, ›Mama hat einen neuen Mann.‹ Ihr Herz klopft heftig. Gerade als sie sich umdrehen will, um wieder ins Bett zu gehen, sieht sie, wie der fremde Mann ihre Mutter in die Arme nimmt.

›Also doch‹, denkt Larissa noch einmal und schlüpft in ihr Bett.

»Was ist hier denn los?« Lukas ist noch ein wenig verschlafen. Es ist Sonntagmorgen. Auf dem Tisch stehen zwei Sektgläser und eine leere Sektflasche.

»Es ist noch viel zu früh zum Aufstehen«, ruft Frau Kehl aus dem Schlafzimmer.

»Es ist schon elf Uhr. Da bist du doch sonst schon längst wach«, wundert sich Lukas. »Bist du etwa krank?«

»Gestern Abend ist es spät geworden.« Frau Kehl steht in der Schlafzimmertür. »Jetzt macht mir erstmal das Frühstück und dann erzähle ich euch etwas Wichtiges. Ich gehe ins Bad.«

»Schon wieder etwas Wichtiges«, sagt Lukas und denkt sich: ›Hoffentlich etwas Schönes.‹

»Weißt du, was mit Mama los ist?«, wendet er sich an Larissa.

Sie nickt und antwortet: »Mama soll es dir selbst erzählen.«

Ein halbes Jahr ist vergangen. Inzwischen ist der neue Partner von Frau Kehl, Herr Conrad, bei ihnen eingezogen.

»Jetzt sind wir so eine Art Stieffamilie«, sagt Gerd. So heißt Herr Conrad mit Vornamen.

»Wie im Märchen«, überlegt Larissa laut und denkt an das Märchen von Hänsel und Gretel.

»Nein, ganz und gar nicht. Erstens sind im Märchen der Stiefvater und die Stiefmutter meistens ziemlich böse und das bin ich doch wohl nicht?« Herr Conrad wartet auf Zustimmung der Kinder. Dann fährt er fort: »Und zweitens, zum Stiefvater werde ich erst ganz richtig, wenn eure Mutter und ich heiraten.«

»Das werden wir vielleicht auch bald machen«, fügt Frau Kehl hinzu und lächelt Gerd liebevoll an.

**Stiefvater und Stiefmutter – nur im Märchen?**

Wenn die geschiedene Mutter ihren neuen Partner heiratet, dann wird er der Stiefvater der Kinder. Genauso wird mit der Heirat die neue Partnerin des Vaters zur Stiefmutter der Kinder. Daraus entsteht dann die Stieffamilie. Heute sagt man dazu meistens »Zweitfamilie«.

Das Leben in der Zweitfamilie ist nicht so einfach. Der Stiefvater oder die Stiefmutter müssen begreifen, dass sie nicht den leiblichen Vater oder die leibliche Mutter ersetzen können. Sie sollten für die Kinder eher die Rolle eines erwachsenen guten Freundes oder einer guten Freundin einnehmen.

»Sind wir dann eine ganz normale Familie?« Lukas runzelt fragend die Stirn.

»Nicht ganz, aber wenn wir uns alle gemeinsam Mühe geben, dann wird das Zusammenleben ganz normal ablaufen. Nur ist Gerd eben nicht euer leiblicher Vater, deshalb sind wir auch keine Normalfamilie.«

»Das ist doch nicht so wichtig«, mischt sich nun Larissa ein, die nachdenklich zugehört hat. »Welche

Familie ist denn schon ›normal‹. Die Hauptsache ist doch, dass wir uns vertragen.«

»Und wenn dein Sohn Fabian zu uns zieht?« Wieder legt Lukas seine Stirn in Falten.

»Ihr wisst ja, dass ich auch geschieden bin und Fabian bei seiner Mutter lebt. Und das wird wohl so bleiben.«

»Und wenn er doch käme, wären wir dann eine Patschbumsfamilie?«

»Du meinst eine Patchworkfamilie?«, korrigiert Frau Kehl. »Ja, dann wären wir eine Familie, die sich aus zwei Familien zusammensetzt. Und das nennt man eben eine Patchworkfamilie.«

»Oh, das wäre noch komplizierter, dann hätte ich zwei Brüder, die mich nerven würden – einen normalen und einen Stiefbruder«, stichelt Larissa.

»Darüber brauchst du dir keine Gedanken zu machen«, beruhigt Gerd sie, »aber zu Besuch wird Fabian schon öfter kommen.«

»Wir sollten uns darauf freuen, dass Fabian kommt. Das ist doch viel aufregender als so eine ganz stinknormale Familie.« Frau Kehl sieht ihre Kinder aufmunternd an.

»Aber auch ein bisschen schwieriger«, schränkt Herr Conrad ein.

»Wir werden das schon hinkriegen, schließlich haben wir es auch geschafft, als sich Mama und Papa getrennt haben«, sagt Larissa und in ihrer Stimme schwingt eine große Portion Stolz mit.

**Was eine Patchworkfamilie ist**

Eine Patchworkfamilie ist eine Familie, die sich aus zwei Familien zusammensetzt. Da zieht zum Beispiel die Mutter mit ihrer Tochter zu ihrem neuen Partner und dessen Sohn. Es kann sein, dass diese beiden neuen Partner noch ein gemeinsames Kind bekommen. Das gehört dann natürlich auch zur Patchworkfamilie.

Das Leben in einer Patchworkfamilie ist komplizierter als in einer normalen Kleinfamilie, aber es ist auch viel aufregender und spannender. Alle Mitglieder müssen begreifen, dass sie nicht mehr in ihren bisherigen Familien leben, sondern in einer neuen Familie. Hier gelten andere Regeln, die man erst miteinander finden muss. Alle müssen lernen, nun in der neuen Familie zusammenzuhalten.

»Larissa, mach endlich deine Musik leiser.«

Gerd hat schon mehrfach an Larissas Tür geklopft. Nun öffnet er sie mit einem Ruck.

»Das ist ja nicht auszuhalten mit deiner nervigen Musik!«

»Und das ist mein Zimmer. Warum kommst du hier rein, ohne vorher anzuklopfen?«

»Ich habe angeklopft, nur hast du es wegen deiner Musik nicht gehört.«

»Genau! Das ist meine Musik. Da hast du gar nichts zu sagen.«

»Wenn sie mich stört, kann ich sehr wohl etwas sagen. Das würdest du auch machen, wenn dich meine Musik stören würde.«

»Mhm«, knurrt Larissa. »Aber du bist nicht unser Vater, deshalb lass ich mir von dir überhaupt nichts vorschreiben.«

»Ich bin tatsächlich nicht dein Vater, aber ich lebe hier und entscheide deshalb mit. Außerdem bin ich der Erwachsene. Ich will hier nicht bestimmen, aber ein wenig fühle ich mich schon für euch verantwortlich.«

**Die leiblichen Eltern sind die Wichtigsten!**

Auch wenn ein neuer Partner oder eine neue Partnerin in die Familie kommt, bleiben die leiblichen Eltern die eigentlichen Eltern. Sie tragen weiterhin die Verantwortung und sie sind diejenigen, die hauptsächlich für die Kinder sorgen. Deshalb sagt man auch, dass sie das Sorgerecht haben. Die leiblichen Eltern bleiben die wichtigsten Menschen für ihre Kinder. Von ihnen stammen sie ab und zu ihnen gehören sie weiterhin. Das Wichtigste aber ist, dass niemand die Kinder so sehr lieben kann wie die eigenen Eltern.

»Und das ist für mich ganz wichtig«, sagt nun Frau Kehl, die zu den beiden Streithähnen dazugestoßen ist.

Gerd fährt fort: »Ich bin so etwas wie ein erwachsener Freund, der dich mag und der will, dass es dir gut geht.«

»Und wichtige Sachen, die euch betreffen, bespreche ich mit Papa«, unterstützt ihn Frau Kehl. »Wir beide sind weiterhin eure Eltern.«

»Ich will dir deinen Vater nicht streitig machen, schon gar nicht ersetzen.«

»Wenn du magst, kannst du häufiger zu Papa gehen, vielleicht auch mal ein paar Tage länger. Du bist jetzt so groß, dass du das für dich entscheiden kannst.« Frau Kehl zwinkert ihrer Tochter zu.

»Und jetzt gehen wir zwei in die Stadt zum Shoppen und Eisessen. Wir Frauen in der Familie müssen doch zusammenhalten.« Larissa grinst.

»Und ich fahre mit Lukas zu Fabian. Dann gehen wir auf den Fußballplatz, schließlich müssen wir Männer in der Familie doch zusammenhalten.«

»Juhu, ich darf Josef spielen!« Lukas stürmt in die Wohnung. Er reckt seine Faust triumphierend in die Luft. »Ich bin der Josef.« Lukas kann sich kaum beruhigen.

»Jetzt mal langsam. Erkläre mir doch, was los ist«, bittet Gerd ihn.

»Ganz einfach: Am Heiligabend wird in der Kirche die Weihnachtsgeschichte aufgeführt, mit Maria und dem Jesuskind.«

»Und mit dir als Josef«, folgert nun Gerd.

»Genau!«

»Das heißt, wir gehen am Heiligabend alle in die Kirche und schauen dir zu.«

»Hoffentlich.«

»Aber das wird schwierig«, wendet seine Mutter behutsam ein.

»Wieso?«

»Weil ihr dieses Jahr am Heiligabend bei Papa seid. Und ich mit Gerd und Fabian bei Fabians Großeltern feiern werde.«

»Aber ihr könnt doch vorher in die Kirche kommen.«

»Na ja«, mischt sich Herr Conrad wieder ein, »das ist leider viel zu weit. Es ist doch besser, wenn dein Vater mitgeht.«

»Ich darf Josef sein und du bist nicht dabei. Nein, Mama, das geht nicht.« Lukas wird ganz rot im Gesicht. »Dann fällt Weihnachten aus, wenn du nicht kommst.« Seine Stimme schwankt zwischen Ärger und Traurigkeit.

»So ist das mit Stief- und Patchworkfamilien, das ist manchmal einfach komplizierter«, gibt Herr Conrad zu bedenken. »Aber wir finden bestimmt eine Kompromisslösung, die alle glücklich stimmt«, sagt er und lächelt zuversichtlich.

Lukas klopft mit seinem Holzstock an die Tür des Gasthauses. Der Gastwirt fragt: »Was wollt ihr von mir?«

»Gebt uns einen Raum in der Herberge«, sagt Lukas laut und bestimmt. »Meine Frau ist sehr müde. Sie erwartet ein Kind.«

Der Wirt schüttelt den Kopf und schlägt mit einem lauten Knall die Wirtshaustür zu.

»Niemand will uns eine Herberge geben«, sagt Lukas und legt seinen Arm um Maria. Maria hat einen dicken Bauch.

**Es gibt keine perfekte Familie**

Es gibt keine Familie, in der immer alles nur gut läuft. Manchmal gibt es Streit, in manchen Familien ist jemand krank oder behindert und manchmal trennen sich die Eltern. Oftmals sind Familien auch nicht vollständig, es gibt viele getrennte Familien und manchmal fehlt auch ein Familienmitglied. Und trotzdem ist für Kinder die Familie das Wichtigste. Und hoffentlich findest du das Leben in deiner Familie immer wieder auch schön. Wichtig ist, dass die Kinder von den Eltern beschützt, geschätzt und geliebt werden.

»Was soll aus mir und meinem Kind bloß werden?«

Larissa schaut nach rechts zu ihrer Mutter, dann langsam nach links zu ihrem Vater.

›Es ist gut, eine Mutter und einen Vater zu haben‹, denkt sie. Sie beugt sich ein wenig vor und sieht Gerd und Fabian. Sie sitzen rechts neben ihrer Mutter auf der Kirchenbank.

›Irgendwie gehören Gerd und Fabian jetzt auch schon zur Familie. Eigentlich ist es schön, so eine große Familie zu haben‹, überlegt Larissa.

»Ist Lukas nicht ein toller Josef?«, flüstert Frau Kehl ihr ins Ohr. Larissa nickt. Herr Kehl sieht seine Frau fragend an.

Frau Kehl beugt sich zu ihm hinüber und sagt leise, aber so, dass Larissa es auch hören kann: »Haben wir nicht tolle Kinder?« Herr Kehl nickt und lächelt.

›Und ich habe eine tolle Familie‹, denkt Larissa. ›Eigentlich habe ich zwei Familien, eine alte und eine neue.‹

# Wie das Leben in der Familie gelingen kann –

## EIN WORT AN DIE ERWACHSENEN

Die Familie ist und bleibt das wichtigste Lebensziel der meisten Menschen. Die Sehnsucht nach einem erfüllten Leben in der Familie ist tief in uns verankert. Dies zeigt sich immer wieder in Umfragen, auch unter Jugendlichen, ebenso wie in dem bekannten Schlusssatz vieler Märchen: »Und sie lebten glücklich und zufrieden ...« Die Familie steht dabei für Sinnerfüllung und Glück, für Geborgenheit und Heimat.

Zugleich machen wir die alltägliche Erfahrung, dass Familien schwierige Konflikt- und Krisenzeiten erleben, dass sie scheitern und die Anzahl komplizierter Familienverhältnisse zunimmt. Für Kinder ist es heute eine normale Erfahrung, dass die eigene Familie oder Familien in ihrem Umfeld zerbrechen.

Wie können Kinder und Jugendliche, aber auch Erwachsene mit dieser widersprüchlichen Erfahrung von Familie umgehen? Welche hilfreichen Bilder von Familie brauchen wir, damit wir uns auf das Abenteuer Familie einlassen und doch auch mit dessen eventuellem Scheitern umgehen können? Was brauchen Kinder in der Familie, um frei und selbstbewusst aufwachsen zu können?

Dieses Buch regt Kinder und Eltern dazu an, gemeinsam Antworten auf diese Fragen zu finden. In den Erzählungen werden Kinder und ihre Eltern in unterschiedlichen Familiensituationen einfühlsam geschildert. Die Kinder werden dazu animiert, die schönen Seiten der Familie bewusst zu erleben und zu genießen. Sie erhalten aber auch Ratschläge, wie sie mit schwierigen und kritischen Familiensituationen umgehen können.
Und was ist mit Ihnen? Was brauchen Sie als Eltern, damit Sie die eigene Familie bewusst gestalten und mit unvermeidlich auftretenden Problemen und Krisen umgehen können?

## Familie heute ist anders

Wer eine Familie gründet oder bereits Vater oder Mutter ist, sollte sich bewusst machen, dass die Situation der Familie heute besonders komplex ist und eine große Herausforderung darstellt. Allein in den letzten zehn Jahren ist mit der Globalisierung der wirtschaftliche Druck auf die Familie gewachsen. Die Nutzung von Computer und Internet durch die Kinder stellt einen neuen, massiven Einflussfaktor dar und verursacht zusätzliche Konflikte innerhalb der Familie. Unsere Idealvorstellung von Familie bleibt aber von den traditionellen Familienbildern vergangener Jahrhunderte und vom Idealbild der Heiligen Familie geprägt.

Die Widersprüche, die sich daraus ergeben, und die Anforderungen einer modernen Informations- und Kommunikationsgesellschaft an eine Familie, insbesondere an die Eltern, sind vielfältig, oft schwierig, aber ganz normal:

- Familie muss Leistung erbringen
  Die moderne Familie muss vor allem bei der Bildung der Kinder Höchstleistungen erbringen, weil die Bildungsabschlüsse ihre Chancen im späteren Berufsleben bereits weitgehend festlegen.
- Familie muss flexibel funktionieren
  Familien müssen heute schnell auf Veränderungen reagieren und dabei weiterhin reibungslos funktionieren. Ein Wechsel des Arbeitsplatzes oder der Schule, ein Umzug oder die Erkrankung eines Familienmitgliedes müssen binnen kürzester Zeit bewältigt werden. Der Familie bleibt wenig Zeit, Kinder in ihren Schwierigkeiten anzunehmen und sie mit Gelassenheit bei einer eigenständigen, das Selbstvertrauen stärkenden Bewältigung zu begleiten.
- Familie muss Glück garantieren
  Auch die Eltern und Kinder selbst stellen hohe Ansprüche an die Familie. Immer soll alles klappen, jeder muss funktionieren, jeder muss zufrieden und möglichst noch glücklich sein. Die Familie und die Familienmitglieder sollen das an Sinn und Glück stiften, was in der Schule und bei der Arbeit versagt bleibt.

- Familie muss Widersprüche ausbalancieren
  Kinder sind heute nicht mehr nur Kinder, sondern gleichzeitig auch selbstbewusste Mitentscheider in der Familie und anspruchsvolle Konsumenten. Ebenso sind Eltern nicht nur Eltern, sondern zugleich auch Partner, Mutter und Vater mit oft unklaren Rollenverständnissen, Arbeitnehmer oder Selbstständige mit höchsten Leistungsanforderungen, Konsumenten im Konsum- und Freizeitmarkt und anderes mehr. Konflikte zwischen den Familienmitgliedern und deren verschiedenen Bedürfnissen sind unvermeidlich.

Die Familie wird so zu einem kleinen Unternehmen, das nach allen Regeln der Unternehmensführung von den Eltern gemanagt werden muss. Familien werden dadurch oft zerbrechlich, weil sie überfordert sind.
Deshalb ist es wichtig, die beschriebenen Ansprüche zu begrenzen. Das gilt gegenüber den Anforderungen von außen, aber auch nach innen, bei Ihnen als Eltern und bei den Kindern. Immer wieder sollten Sie nach »Inseln«, nach Freiräumen suchen, in denen die Eltern, aber auch die Kinder nicht funktionieren müssen. Ein Wochenende ohne Unternehmung oder ein Familienurlaub ohne großes Besichtigungsprogramm ist sicher nicht immer leicht zu ertragen, aber heilsam für alle Beteiligten. Hier kann sich die Familie selbst erleben und das Schöne und Besondere der eigenen Familie entdecken.

**Was Familien immer noch sind – und was sie weiterhin sein dürfen!**

Trotz aller Infragestellungen und Anforderungen bleibt die Familie ein besonderer Raum, der durch nichts ersetzt werden kann. Ihre Besonderheit ist zugleich auch ihr bester Schutz. Machen Sie sich bewusst, was Sie an Ihrer Familie als einzigartig empfinden und erleben. Ist Ihre Familie besonders kreativ oder sportlich aktiv? Können Sie in Ihrer Familie intensiv reden oder konstruktiv streiten? Gibt es einen besonderen Familienzusammenhalt oder zeichnet sich Ihre Familie durch große Freiräume aus? Besprechen Sie die Stärken Ihrer Familie immer wieder mit Ihrem Partner oder Ihrer Partnerin. Sie werden überrascht sein, dass Sie das Besondere der Familie nicht erst schaffen, sondern nur entdecken müssen:

- Familie als Schutzraum
  Zunächst ist die Familie der wichtigste Schutzraum für die Kinder. In der Familie dürfen sich die Familienmitglieder in ihrer Individualität zeigen und entwickeln. So erleben sie Sicherheit und Geborgenheit.
- Familie als Raum des Wachsens
  In der Familie können Kinder wachsen – und zwar in ihrem Tempo und auf ihre Weise. Für Eltern ist es beglückend, zu sehen, wie die Kinder heranwachsen und allmählich zu einem Gegenüber mit einer ganz

eigenen Persönlichkeit werden. Aber genauso wachsen die Eltern an ihren Kindern, weil Kinder auch uns in unserer Entwicklung herausfordern.

- Familie als Spielraum
  Die Familie ist ein Freiraum, in dem sich Kinder spielerisch entwickeln, ihre Kreativität entfalten und ihre Selbstständigkeit erproben können. Dabei unterliegen das Spielen und der spielerische Umgang der Familienmitglieder miteinander nicht den Regeln der Leistung und des Wettbewerbs.
- Familie als Begegnungsraum
  In der Familie können sich die Erwachsenen und Kinder ohne Maske direkt und unmittelbar begegnen. In diesen unmittelbaren Begegnungen spüren sie das Gegenüber und sich selbst in allen Gefühlen sehr intensiv. Das können Gefühle der Zuneigung, Zärtlichkeit und der Liebe, aber auch der Enttäuschung, der Wut und Eifersucht sein. Eltern können dabei wieder den verstärkten Zugang zur eigenen Emotionalität finden.
- Familie als Raum des Beschenktwerdens
  Auch wenn alle Familienmitglieder, insbesondere die Eltern, vieles zum Gelingen der Familie beitragen müssen, so werden alle Beteiligten zugleich reich beschenkt. Kinder spüren das, werden es aber meist erst als junge Erwachsene verbal ausdrücken. Eltern können dieses Geschenk bewusst annehmen, wenn sie offen sind für die vielen kleinen intensiven, lebensbe-

jahenden und nahen Momente, die es in jeder Familie zahlreich gibt.

- Familie als Raum des Scheiterns und des Wiederanfangs
  In der Familie dürfen Fehler gemacht werden und im Umgang miteinander wird es immer wieder Enttäuschungen und Verletzungen geben. In der Familie bietet sich aber die Chance, ohne Gesichtsverlust immer wieder neu anzufangen, einander zu verzeihen und sich zu versöhnen.

Schützen Sie diese Räume in Ihrer Familie und pflegen Sie sie. Und vor allem, genießen Sie sie! Sie werden entdecken, dass auch umgekehrt die Familie mit ihren besonderen Erlebensräumen Sie als Eltern stärken wird.

### Was Eltern in der Familie brauchen

Alle Familien- und Erziehungsratgeber sagen Ihnen, was Kinder in der Familie brauchen. Ich möchte Sie dazu ermuntern, sich immer wieder gemeinsam mit Ihrem Partner oder Ihrer Partnerin zu fragen: Was brauchen wir als Eltern, als Paar und als Individuen in der Familie? Für das Gelingen der Familie sind Sie und Ihre Partnerschaft entscheidend. Machen Sie sich das immer wieder von Neuem bewusst und führen Sie sich folgende Aspekte vor Augen:

- Würdigen Sie, was Sie als Eltern tun. Sie wirken an der wichtigsten Aufgabe der Welt mit: Sie geben sich und unserer Gesellschaft in Ihren Kindern eine Zukunft.
- Sie tun genug als Eltern! Weniger ist oft mehr. Sie sind nicht nur Eltern, Sie dürfen und müssen auch als Mann oder Frau Ihre eigenen Interessen, Wünsche und Sehnsüchte verfolgen. Ihr Gegenüber ist Ihr Partner oder Ihre Partnerin – nicht Ihre Kinder. Das Energiezentrum der Familie ist Ihre Partnerschaft. Geben sie deshalb Ihrer Partnerschaft einen eigenen Raum in der Familie und suchen Sie immer wieder nach Inseln der Liebe jenseits der Familie.
- Sie dürfen schwach sein – auch darin sind Sie starke Eltern. Eltern müssen nicht perfekt sein, nicht immer funktionieren und nicht immer präsent sein. Gehen sie mit Ihren eigenen Grenzen und Schwächen offen um und unterstützen Sie sich als Partner gegenseitig.
- Vertrauen Sie den Energien und Kräften Ihrer Kinder. Sie können und müssen Ihren Kindern nicht alles abnehmen: Sie sind selbst neugierig, stark und eigenständig genug, um ihren eigenen Weg zu finden.

Wenn Sie sich nun doch noch fragen, was Kinder in der Familie brauchen, dann lesen Sie zusammen mit Ihren Kindern die Erzählungen dieses Buches. Sie werden entdecken, dass Kinder Sie vor allem als Person, als Gegenüber, brauchen. Das ist auf der einen Seite sehr viel, auf der anderen Seite genügt es, wenn Sie für Ihre Kinder als

Person mit Ihren Erfahrungen und Stärken, aber auch mit Ihren Grenzen und Schwächen spürbar sind. Die Familie ist der Raum, in dem genau das für Sie und die anderen möglich ist. Daraus erwachsen gegenseitiger Respekt, die Würdigung der Erwachsenen und der Kinder und eine Verbundenheit, die es nur in der Familie gibt.

Stuttgart, im August 2007
Roland Kachler

# Register

In dieser Reihe ebenfalls erschienen:

Wie ist das mit ... der Trauer
Wie ist das mit ... den Religionen

Wir empfehlen Ihnen unseren Leitfaden
»KINDER BRAUCHEN WERTE«
Bücher aus dem Gabriel Verlag
oder informieren Sie sich unter: www.thienemann.de/paedagogen

Kachler, Roland/Reckers, Sandra:
Wie ist das mit ... der Familie
ISBN 978 3 522 30143 5

Illustrationen: Sandra Reckers
Einbandtypografie: Michael Kimmerle, Stuttgart
Innentypografie: Bettina Wahl, Salem
Lektorat: Kristina Petersen
Schrift: ITC Stone Sans und Serif, Chinacat
Satz: KCS GmbH, Buchholz/Hamburg
Reproduktion: Medienfabrik GmbH, Möglingen
Druck und Bindung: Friedrich Pustet, Regensburg

5 4 3 2 1° 08 09 10 11

www.gabriel-verlag.de